Jürgen Liminski

Pajazzos Saltos

Jürgen Liminski

Pajazzos Saltos

Gedanken und Lebensweisheiten eines Clowns
für Groß und Klein

Mit Zeichnungen von
Vanessa Liminski

fe-Medienverlag GmbH

1. Auflage (2021)

Verlag
fe-Medienverlags GmbH
Hauptstrasse 22
88353 Kisslegg
Deutschland

Layout / Gestaltung
Ignacio Brosa

Illustrationen / Zeichnungen
Vanessa Liminski

Druck
orth-druk, Bialystok (Polen)

Printed in EU

Internet
www.pajazzos-saltos.de

ISBN 978-3-86357-334-8

INHALT

Vorwort **7**

Pajazzo, das Staunen der Kinder, der Heiland und das Säuseln des Windes **11**

Pajazzo, die Maske und der Freiheitsbaum **23**

Pajazzo, die Selbstlosigkeit und die Schnörzenkinder **31**

Pajazzo, die Stille und der Lärm der Menge **41**

Pajazzo und der Tod der Hausfrau **51**

Pajazzo, der Verwundete und die Beziehungen des Lebens **61**

Pajazzo hat eine Freundin – Purzelbäume über Liebe, Freundschaft, Wahrheit und Konventionen **69**

Pajazzo, die Vaterschaft und der Rat der Schwester **79**

Pajazzo, Neffe Jonas, die Comic-Helden und die heile Welt **85**

Pajazzo, der Link zwischen Zeit und Freiheit und
der Rutsch ins neue Jahr **95**

Pajazzo, die Zeit, die Liebe und die Vergebung **103**

Pajazzo, die Lüge und der Grund der Freude **109**

Pajazzos Stille Nacht, die Kinder und der Konkur-
renzclown **117**

VORWORT

Vorworte haben einen gewissen Lesevorteil. Wer sie übergeht, ist mitten im Buch ohne eine Zeile gelesen zu haben. Das wird diesem Vorwort hoffentlich erspart. Nicht, weil es so wichtig wäre, sondern weil es wie das Ticket ist für Vorstellungen von Pajazzo. In diesem Sinn: Vorhang auf für das erste Wort, denn: „Die ganze Welt ist eine Bühne / Und alle Fraun und Männer nichts als Spieler. / Sie treten auf und gehen ab danach, / Sein Leben lang spielt einer manche Rollen." So beginnt der berühmte Monolog im 2. Akt, Szene 7 des Edelmannes Jacques in Shakespeares Drama „Wie es Euch gefällt". Der in Verbannung lebende Monsieur Jacques hatte kurz zuvor im Wald einen Narren getroffen, der ihn philosophierend auf die wahren Fragen des Lebens hingewiesen hatte. Das Bild vom Schauspiel des Lebens mit all den Masken, hinter denen die Menschen sich durchschlagen oder durchspielen, ist alt. Schon die alten Griechen bemühten sich, die Rollen und ihre Masken zu durchschauen. „Erkenne dich selbst" lautet jener Spruch über dem Eingang des Apollo-Tempels in Delphi. Er geht auf den „Ahnherren der Philosophie", wie Aristoteles den Thales von Milet aus dem siebten Jahrhundert vor Christus nannte, zurück. Und im „Narrenschiff" des Sebastian Brant aus dem Jahr 1492 heißt es: „Wer jeder sei, wird dem vertraut, der in den Narrenspiegel schaut. Wer sich recht spiegelt, der lernt wohl, dass er nicht weis' sich achten soll. Nicht von sich halten, was nicht ist, denn niemand lebt, dem nicht gebirst, noch der behaupten darf fürwahr, dass er sei weise und kein Narr."

Pajazzo ist so ein Narr, ein zeitgenössischer Clown, der sich den Spiegel vorhält mit seinen Gedankenspielen, Fragen und Bemerkungen. Es sind fürwahr keine letzten Erkenntnisse, eher Gedankenanstöße, er hält sich eben nicht für weise, sondern für einen Suchenden, der die Oberflächlichkeit des allgemeinen Diskurses hinterfragen, die Wahrheit hinter den Masken des Verhaltens sehen will. Er will zum Nachdenken anregen über diese Welt, diese Arena, diese Bühne.

Die erste Voraussetzung dafür steckt in dem Satz, den der heilige Papst Johannes XXIII. gelegentlich sprach und sicher oft dachte: „Johannes, nimmt Dich nicht so wichtig!". Diese Weltenbühne, in der viele Zeilen aus dem Narrenschiff so aktuell sind – zum Beispiel diese: „Von Narrheit ist die Welt betäubt und jedem Narrn man jetzo gläubt…. Die Welt, die will betrogen sein" – diese Bühne als solche zu durchschauen mit ihren Masken und Marionetten, ihren Kostümen und Kulissen, ihren Illusionen und Irrtümern, ihren strahlenden Sehnsuchtsorten und den dunklen Gassen der Wirklichkeit, das ist das Ziel des Fragens und Denkens dieses einfachen Clowns in dem kleinen Zirkus.

Nur: Was ist Wahrheit? fragt der Skeptiker Pilatus, und zwölf Jahrhunderte später antwortet ihm der Philosoph und Theologe Thomas von Aquin so: Die Übereinstimmung des Denkens mit der Wirklichkeit. Frage und Antwort sind abstrakt, Pajazzo sucht die Wahrheit in den kleinen Dingen, im Verhalten der Menschen, in den Wirklichkeiten des Alltags, hinter denen dann aber doch die großen Fragen des Lebens stehen: Liebe, Freundschaft, Glaube, Freiheit, Familie. Diese Fragen kann ein Clown nicht bündig beantworten. Da schlägt er lieber auch gedanklich Purzelbäume. Genau die werden hier präsentiert. Aber anders als auf der Bühne wünscht sich der Clown Pajazzo mehr als einen Applaus. Sein Wunsch ist, dass die ge-

9

neigten Leser und Leserinnen in den Gedanken einen Spiegel erblicken, der auch ihnen auf der Suche nach Antworten eine kleine Perspektive in ihr Inneres bietet. Und dass die Lektüre erheitert und das Gemüt erhebt. Denn auch kleine Wahrheiten machen frei. Mehr kann ein Clown kaum erwarten.

Noch ein Wort zu den Zeichnungen: Sie flossen aus der Künstlerhand von Tochter Vanessa, die seit ihrem Kunststudium Bilder malt und Plastiken formt und ihre Arbeit zwischen Atelier und Haushalt diesem Büchlein oft und gern gewidmet hat. Pajazzo verneigt sich vor ihr.

Pajazzos bester Freund

PAJAZZO, DAS STAUNEN DER KINDER, DER HEILAND UND DAS SÄUSELN DES WINDES

Pajazzo war ein Clown. Er war ein guter Clown, er brachte die Leute zum Lachen. Oft dachte er darüber nach, wie er die Leute so amüsieren konnte, dass sie sich auch nach der Vorstellung noch an die Atmosphäre erinnerten, damit das Wohlgefühl andauere. Jenes Gefühl, unter der Kuppel geborgen zu sein, das Herz offen, im Staunen gebannt, manchmal ein Kribbeln im Bauch. Es war eigenartig dieses Gefühl und dann dieses Gemisch an Gerüchen unter dem beheizten Zelt. Es roch nach Tieren und Schweiß, nach Eisen, Holzspänen und Blütenduft. Man konnte sich nur wohlfühlen, so anheimelnd war es, fand jedenfalls Pajazzo.

Pajazzo fühlte sich wohl. Aber er fühlte sich auch älter als früher. Gelegentlich ließ er in seinem Clownskopf sein Repertoire Revue passieren. Ein knappes Dutzend Stücke hatte er, manche konnte er richtig gut vorführen, bei anderen zögerte er immer noch. Die Nummer mit der Balance auf dem Drahtseil in voller Montur, also mit der roten Kugelnase, der luftigen Perücke, der weiten Hose und der Jacke mit den riesigen Karos und vor allem den watscheligen Tennisschläger-Schuhen, das war halt immer etwas gewagt. Jahrelang hatte er die Balance gehalten, das Publikum applaudierte meist begeistert, bisweilen gab es Ovationen, die Leute standen auf und riefen „da capo" oder „bravo, bravo" und dann fühlte Pajazzo, wie ihm das Blut in den Kopf schoss und er fast so rot wurde wie seine Nase. Aber jetzt machte ihm die Nummer mit der Balance Kopfzerbrechen. Er merkte nämlich, wie er sich nicht mehr auf das Drahtseil konzentrierte, sondern mehr die Leute beobachtete, ihre offenen Münder, ihr verlangendes Erwarten nach der Sensation. Ob nicht doch mancher von ihnen wünschte, er möge mal vom Drahtseil fallen, damit das Kribbeln sich krampfartig steigere?

Na wenn schon, da war ja noch ein Netz. Natürlich gab es kein Netz für die Blamage. Vielleicht doch für Clowns. Und wenn nicht, dann könnte er ja auch aufhören. Aber ein Zirkus ohne Clown, das gibt es auch

nicht und in seinem kleinen Zirkus gab es keinen Ersatzclown. „Müßige Gedanken" sagte er sich und ging in seinen Wohnwagen, um sich für die Vorstellung umzuziehen. Schnell war er geschminkt, das Gesicht weiß, wie übertüncht, die Nase rot, passend zum gelbbraunen Karo der Jacke. Es war eine Sondervorstellung. Die Weihnachtsvorstellung. Der Bürgermeister der Stadt war angesagt, der Direktor war nervös, irgendwie lag ein Hauch von angestrengter Freundlichkeit unter der Kuppel.

Pajazzo ging hinüber, prüfte das Seil, es war straff wie immer. Er sah zu, wie die Zirkusarbeiter das Netz befestigten. Später, kurz vor seinem Auftritt würden sie es spannen und nach ihm wären die vier vom Trapez an der Reihe, auch für sie war das Netz nötig. Die Arbeiter sangen „heh-hoh, heh-hoh". Pajazzo freute sich, das erinnerte ihn an das familiäre Ambiente in seiner Kuppel. Vor dem Zelt trafen die ersten Zuschauer ein. Er mochte die feisten Gesichter nicht, die sich frittenkauend und wurstverschlingend vorwärtsbewegten, irgendwie gelangweilt die Raubtiere hinter den Käfigstangen anstierten und dann im Zelt verschwanden. Immerhin war Weihnachten. Sie hätten sich schon etwas festlicher kleiden oder feiner benehmen können. Vielleicht wussten sie gar nicht, dass Weihnachten ein großes Fest war. Pajazzo kramte in seinem Gedächtnis. Wann hatte er zuletzt richtig Weihnachten gefeiert? Der Geburtstag des Heilandes, hatte seine Mutter ihm immer erzählt, ist das Größte überhaupt. Der Heiland, mit diesem altmodischen Wort meinte sie den, der alles heil, also wieder ganz und richtig macht, dieser Heiland rechtfertige jede Anstrengung.

Mutters Sätze waren ihm haften geblieben. Und zu Weihnachten hatte er sich immer besonders angestrengt, es den Leuten recht angenehm zu machen. Sie sollten sich wohlfühlen unter seiner Kuppel. Staunen sollten sie. Wie damals über den Heiland. Der Heiland – die meisten Leute nennen ihn, wenn sie ihn überhaupt kennen, etwas süßlich kindisch das Jesuskind, Pajazzo gefiel Heiland besser. Ihn hätte man im Zirkus gebrauchen können. Donnerwetter, da wären die Leute herbeigeströmt, ein ganzes Programm hätte dieser Heiland unter der Kuppel veranstalten können. Und alle hätten sie gestaunt und gegafft, zu Weihnachten, dem Geburtstag des Heilands. Er hätte sie beschenkt zu dem großen Fest.

Was aber, kam er ins Grübeln, wenn die Leute gar nicht mehr wussten, was Weihnachten ist? Wenn immer mehr Fritten-und Wurstesser ins Zelt strömten und statt festlicher Stimmung diese primitive Langeweile der Fress-Säcke und Säufer verbreiteten? Nichts gegen Essen und Trinken und auch Fritten und Würste mochte Pajazzo gern. Aber das konnte nicht alles sein. Das Glück unter der Kuppel war doch, wenn alle staunten, wenn aus der Tiefe des Herzens ein langes Ohhhhh und dann Ahhhh aus hunderten von gespitzten Lippen durch das Zelt rauschte und die ganze große Welt auf diesen kleinen Flecken, auf das Geschehen unter der Kuppel zusammenschrumpfen ließ.

Das Staunen, das war's. Das brachte das Wohlgefühl. Das Staunen über die Kunststücke unter der Kuppel, über das eigentlich Unmögliche, das man aber doch sah, mit eigenen Augen. Das war das Glück. Klein und unverhofft. Und doch so unendlich groß, weil es das Herz füllt. Es gab immer mehr von diesen Leuten, die nicht mehr staunen konnten. Wie konnten sie überhaupt noch Weihnachten feiern, fragte sich Pajazzo und rückte seine Perücke zurecht. Dann zog er seine weißen Handschuhe mit den Löchern an den Fingerkuppen aus der Jackentasche. Vom Drahtseil oben konnte er sie gleich beobachten. Sie aßen immer. Nach den Fritten und der Wurst gab es Chips, dann Popcorn oder irgendetwas anderes aus der Welt

des Dauerkonsums und der immerwährenden Bauch-
füllung. Dann gab es auch die ganz Genauen. Sie ach-
teten darauf, dass die Vorstellung pünktlich begann,
dass alles nach Plan verlief und die sich aufregten,
wenn der Direktor eine Änderung ankündigte. Eigentlich harmlos. Schlimmer war schon, dass auch
sie nicht mehr offen waren für das Staunen, denn sie
erwarteten ja, dass das Angebot ihrer Nachfrage ent-
spreche - warum sollte man sich da wundern, warum
staunen. Sie hatten ja dafür gezahlt. Schlimm auch
diese Ökos, denen schon die Holzspäne zuviel waren,
schließlich seien das Reste von deutschen Bäumen.
Auch sie hatten das Staunen verlernt, waren richtig
eingeschlossen in ihrer Umwelt und sahen ansonsten
nichts mehr. Was sollte er denen und den Konsum-
kindern oder den Spießern schon zeigen? Eine Kuppel
ohne Überraschung ist langweilig.

Pajazzo schweifte ab. So stellte er sich den Himmel
vor, voller Überraschungen, die man bewusst erlebt,
staunend eben und im Grunde genommen ist ja auch
Weihnachten eine große Überraschung. Deshalb
mussten die Hirten damals auch so unheimlich viel
gestaunt haben und mussten die vier Könige - nein
Mutter hatte immer nur von drei erzählt, der vierte,
der böse, war ja gar nicht zum Staunen gekommen, er

wollte das Kind nur umbringen - jedenfalls mussten die drei anderen mit offenem Mund und voll Freude das Geschehen in der Grotte angesehen haben. Sie waren von weit hergekommen für diese Vorstellung. Eigentlich waren es nur wenige, die wirklich gestaunt haben, damals. Drei Könige und vielleicht ein Dutzend Hirten. Soviel würde es doch unter der Kuppel heute sicher auch noch geben. Aber es müsste doch gelingen, den anderen, wenigstens einem Teil von ihnen, Augen und Mund zu öffnen, sie in Verwunderung zu versetzen über all das Schöne und Unglaubliche unter der Kuppel. Ich bin doch besser als Fritten, Würste und auch als das Fernsehen. Und ein Teil dürfte doch innerlich genügend Freiraum haben für das echte Staunen.

Ein Trommelwirbel, anhaltend und sich fast überschlagend, rüttelte Pajazzo aus seinen Gedanken. Er war an der Reihe. Der Direktor kündigte ihn mit großer Gestik an. Er lief hinein in die Arena, stolperte, machte einen Purzelbaum und stand dann kerzengerade vor ein paar Kindern in der ersten Reihe. Er schlug sich an die Brust und aus der Blume im obersten Knopfloch spritzte eine kleine Fontäne in die erste Reihe. So ging es weiter mit kleinen Scherzen und Späßen. Nur: Pajazzo war nicht froh. Er mochte diese

18

Scherze auf Kosten der anderen immer weniger. Dafür freute er sich umso mehr auf das Stück mit dem Drahtseil. Das war echte Clownkunst. „Der Mann mit der Nase", schrie der Direktor, „der Mann mit der Nase wird jetzt das Unmögliche wagen und über das Drahtseil gehen". Ein Kran zog Pajazzo am Hosenboden empor. Kinder lachten. Von oben sah er sie wieder, die Frittenfresser und Würstchenverschlinger, es sah aus wie ein Schlachtfeld. Popcorn, Bonbonpapier, Lutscher, Frittentüten und Pappteller, die Größeren rauchten sogar und es lag ein Geruch in der Luft wie in einem dreckigen Stall.

Das war sein Kuppelduft nicht. Wie durch Nebelschwaden kämpfte er sich auf das Seil und tastete sich die ersten Meter vorwärts. Nein, das war sein Kuppelduft nicht. Die Bauchmenschen hatten ihm die Kuppel verpestet. Wie sollte er da rüberkommen? Im Magen fühlte er eine Übelkeit aufsteigen, Schweißperlen traten ihm auf die Stirn. Ihm war, als stünde er auf den wankenden Planken eines Bootes, das in einem Meer von Fritten und Würsten hin- und hergeworfen würde. Gischt schäumte auf in Form von Popcorn, der Wind heulte, aber es war nur das Huihh und Ahhh der Leute da unten, die wohl merkten, dass er wankte. Er war jetzt in der Mitte angekommen. Er wankte und wusste nicht vor und auch nicht zurück. Er fühlte sich allein, so allein und hilflos wie noch nie. Der Magen drehte sich, durch die Fettschwaden sah er, wie ein Bauchkind den Unterkiefer senkte, als ob es ein Gerülps herausfallen ließ. Pajazzo strauchelte, die Arme fuchtelten wie wild, griffen in der stinkenden Luft nach Halt. Nein, nicht gerade heute, schoss es ihm durch den Kopf, nicht an Weihnachten. Die Ausrufe auf den Bänken wurden lauter. Schreie mischten sich in das Geraune. „Heiland, nicht an deinem Geburtstag!" – Pajazzo presste einen Seufzer durch die zusammengebissenen Zähne. Sie gaffen alle da unten, stöhnte er, erwarten ein Kunststück von mir, der Bürgermeister ist da und der Direktor zittert. Die Gedanken jagten wie Blitze unter Pajazzos Perücke hin und her. Ein Geschenk, sagte er, wenn ich ankomme, gehört der Applaus dir. Pajazzo wankte. Der Oberkörper zuckte nach vorne, die Arme drehten greifend nach hinten. Die Trommeln waren längst verstummt. Da pfiff es. Das Pfeifen kam von draußen. Wind heulte auf, er pfiff durch die Löcher zwischen Zeltwand und Zeltdach. Wie eine zärtliche Brise umsäuselte er Pajazzos Perücke. Wie gut das tat. Wie gut. Pajazzo atmete durch, er fing sich und setzte den Fuß mit dem riesigen Schuh, der wie ein Tennisschläger aussah,

einen Schritt vorwärts. „Ahhh, Ohhh!", rauschte es von unten hoch. Und der Wind war wieder zärtlich zu Pajazzo. „Mein Clown", meinte Pajazzo im Säuseln und Pfeifen zu vernehmen. Der Schritt nach vorn hatte ihn stabilisiert. Noch einer und noch einer, und unten staunten alle.

Soviel Applaus hatte er noch nie bekommen. „Zu deinem Geburtstag", flüsterte Pajazzo, „von deinem Clown". Der Bürgermeister schrie „Bravo Bravo", selbst die Wurst- und Frittenkinder waren aufgestanden und klatschten, wahrscheinlich lagen etliche Fritten auf der Erde. In der Kuppel pfiff es. Und für Pajazzo war noch nie so viel Weihnachten wie heute. „Die Leute beschenken sich und sind gut miteinander", sagte er wie zu sich selbst, während es in Arena und Kuppel immer noch begeistert jubelte und pfiff. Ich bin froh, dass ich dem Geburtstagskind etwas schenken konnte. Viel war es ja nicht, und eigentlich verdanke ich auch das ihm. Dann stieg er die Leiter hinunter, ließ sich ab der vorletzten Stufe fallen und machte einen Purzelbaum.

PAJAZZO, DIE MASKE
UND DER FREIHEITSBAUM

Es gibt 22 Gruppen von Gesichtsmuskeln. Jede hat ihre Funktion, für jede einzelne hatte Pajazzo einen Pinselstrich. Er hatte bei seinen Clown-Lehrgängen das Zusammenspiel der Muskeln studiert und wusste, wie die Kinder zu be-minen sind, so dass sie begeistert, traurig oder nachdenklich werden. Pajazzo beherrschte die Muskeln alle meisterlich, das war sein Job, und die Schminke war so aufgetragen, dass sie den Ausdruck, das Minenspiel verstärkte. Der Stern auf der Nase ging rauf und runter, da aktivierte er den Nasenflügelheber, Sonne und Mond auf den Ohren wankten dank des oberen, hinteren und vorderen *auricularis*, des Ohrmuskels, und wenn er Nase und Ohren gleichzeitig bewegte, betätigte er bei den Kindern den *musculus risoris*, den Lachmuskel. Die Kinder mochten das. Da war Leben, komisches, um nicht zu sagen kosmisches Leben. Sie tauchten ein in diese Welt und Pajazzo liebte es, sie im reichen Garten des Minenspiels herumzuführen. Darauf freute er sich vor jeder Vorstellung. Er war Clown und Guide im Garten des Frohsinns.

In zehn Minuten musste er drüben sein im großen Zirkuszelt und hinter dem Vorhang zur Manege konnte er die Kinder beobachten und sich auf ihre Spiegelneuronen einstellen. Denn die Vorstellung war auch die Stunde der Spiegelneuronen, auch das hatte er gelernt. Das sind Nervenzellen im Gehirn, die schon beim Betrachten des anderen zum gleichen Verhalten anregen, also wenn die Mutter lacht, lacht das Baby, wenn die Mutter weint, weint das Baby auch. Und wenn Pajazzo lacht, lachen die Kinder. Pajazzo mochte diese Spiegelzellen besonders, weil sie von einem Italiener, Giacomo Rizzolatti zuerst richtig beschrieben wurden. Pajazzo und Rizzolatti, das klang doch fast spiegelneuronisch.

Aber jetzt hatte Pajazzo ein Problem. Er konnte nicht mehr in den Gesichtern der Kinder lesen - über ihrem Minenspiel lag eine Maske und über seinem auch. Die Spiegelneuronen konnten gar nicht mehr funktionieren. Er wusste gar nicht, wen er vor sich hatte. Den Muskel mit dem Namen Augenbrauenrunzler konnte er zwar noch erkennen, aber der wichtige *Depressor anguli oris*, der Mundwinkelherabzieher, der war weg. Und der *Levator anguli oris*, der Mundwinkelheber, auch. Auch der Unterlippenherabzieher und der Kinnmuskel, alles weg. Wie sollte er da seine Aktionen auf die Reaktionen abstimmen? Er trug noch etwas Weiß auf, damit der Kontrast zum schwarzen Stern um das linke Auge deutlicher wurde. Die wissen gar nicht, was sie sagen, meinte er verärgert zu sich selbst, „diese neunmalklugen Journalisten und Politiker, die vorschlagen, Weihnachten in der Familie mit Maske zu feiern, zuhause in der Oase des Lächelns. Das Minenspiel ist doch wie eine herrliche Wiese des Menschlichen, voller Blumen, manchmal auch Disteln. Gerade das Gesicht hält doch den Strom der Emotionen wie ein Flussbett zusammen, das Minenspiel des Menschlichen ist doch die Bühne für die Komödie des Lebens".

Pajazzo konnte richtig poetisch werden, wenn er in Gefühlswallung geriet. Er stand vor dem Spiegel in seinem Zirkuswagen. „Sieht gut aus", sagte er, und zog noch einen leichten weißen Strich im Augenschließmuskel nach. Immerhin, die Regierung in diesem Bundesland hatte ihnen eine Sondergenehmigung für die Silvestervorstellung zugestanden, wenn man die begrenzte Zahl, die Abstandsregeln und überhaupt ein schlüssiges Hygienekonzept einhalten würde. Das war machbar. Klang nachgedacht, nicht so autoritär wie weiter im Süden. So saßen jetzt die Kinder in lichten Reihen vorne oder bei ihren Familien oben in den hinteren Reihen. Es gab tatsächlich Familien, die Weihnachten nur virtuell gefeiert hatten oder mit Maske, wobei die Großeltern an einem Extra-Tisch platziert oder gar nicht da waren. Weihnachten mit kaschierten Emotionen – „absurdes Theater", brummte Pajazzo. Natürlich muss man diesen Virus ernst nehmen, keine Frage. Aber wofür gab es Tests, Abstandsregeln und Desinfektionsmittel? Die einfachsten Mittel sind die besten, da kann der Virus so viel mutieren wie er will. Also Abstand halten, lüften und in der Öffentlichkeit auch Maske.

Pajazzo hatte sich immer gestört an den Maskenbildern aus China: Es waren Menschen ohne Gesicht. Es war für ihn der Verlust von Identität, eine Art Massenmenschhaltung, der Massenmensch geht da in den Maskenmassen unter. Es waren, erinnerte er sich, als er neulich noch einkaufen war, alles Robotergesichter, die ihm da entgegenkamen, sich minenlos vorbeibewegten, Konsumenten, Shopping-Leute. Nun sind, das räumte Pajazzo ein, Kindergesichter wie offene

Bücher, sie verbergen nichts. Erwachsene verschließen ihre Emotionen in zwei Deckel, man hat Mühe sie zu öffnen. Und, so tröstete er sich, das Maske-Tragen ist ja nur für eine gewisse Zeit und bald vorbei, wenn, ja wenn die Leute vernünftig sind. Ein paar Minuten für den Frieden, also.

Der Zirkusboy klopfte an die Tür. Es sei Zeit, die Elefanten knabberten jetzt an dem Weihnachtsbaum, sie bräuchten nur noch fünf Minuten. „Ok, ich komme". Die Nummer mit dem Weihnachtsbaum war genial. Die Elefanten holten mit dem Rüssel die Äpfel und Süßigkeiten herunter, ohne dass der Baum umfiel. Bei seinem Shopping-Bummel neulich war er auch an dem großen Weihnachtsbaum vorbeigeschlendert, der in der Mitte des Marktplatzes stand und hatte sich daran erinnert, dass das erste schriftliche Zeugnis vom Weihnachtsbaum im Wohnzimmer aus Straßburg überliefert ist, es datiert aus dem Jahre 1605. Zwar gab es schon lange den Paradiesbaum, aber aus der reichen Bürgerstadt am Rhein wurde geschrieben, wie die Bürger am 24. Dezember Äpfel an die grünen Zweige banden. Der Paradiesbaum mit den Äpfeln wurde Adam und Eva zum Verhängnis. Die Straßburger Haus-Chronik erzählt, wie die Sache mit den Äpfeln sich weiterentwickelte: „Auff Weihnachten richtet man Dannenbäum zu Straßburg in den Stuben auff, daran henket am Rossen aus vielfarbigem Papier geschnitten, Äpfel, Oblaten, Zischgold, et cetera." Vielleicht, dachte Pajazzo, hängen jetzt auch Masken am Baum, kann man ja gebrauchen – oder auch nicht. Und überhaupt, der Paradiesbaum war ja kein schlechtes Teil, eigentlich war es ein Freiheitsbaum, denn er stand für die Option, Ja oder Nein zu sagen. Das ist ja die Freiheit, die Kraft zur Entscheidung. Die ist nicht das Letzte, nur ein Mittel, um das Gute zu tun. Das müsste man den Kindern mal sagen, meinte Pajazzo, dass sie die Freiheit haben Ja zu sagen zum Guten oder auch Nein zur Versuchung. Muss nicht immer eine Schlange mit Apfel sein, kann auch ein Smartphone sein oder eben eine Maske. Baum, Maske und Smartphone sind nicht das Problem - was man damit macht, das ist entscheidend.

Jetzt legte er die Maske an, machte die Wagentür zu und ging zum großen Zelt rüber. Gleich würde er mit Maske in der Arena stehen. Die Kinder würden nicht die roten Tupfer auf den Backen sehen, keinen Stern auf der Nase, keine gebogenen, roten Lippen in ihrem Kontrast zum Weiß um Kinn und Augen. Nur Haare wie Stroh, und Ohren in Weiß. Früher war die Tünche ein Stück Kunst, ein Weg in eine andere

Welt, ein Gedankenpfad. Jetzt sind da nur noch die Reste eines Clown-Torsos, mehr eine Erinnerung an antike Zirkusfreuden als eine Verheißung von einem anderen Leben, einem Leben ohne Sorgen oder mit gemeisterten Sorgen. Denn das war ja sein Ziel, seine Aufgabe: Zu zeigen, dass man Missgeschick verwandeln kann in Freude, dass das Unglück eines einzelnen sich auflösen kann im Wohlwollen aller. Am Ende würde er die Maske ablegen und das ganze Clownsgesicht zeigen. Mit Abstand natürlich. Sicher, auf den Bänken um die Manege sitzen manche mit Pokerface. Sie lachen nicht oder nur gekünstelt, sie sind regungslos ohne Minenspiel. Sie sind ihre eigene Maske. Da ist was Trauriges, Trostloses in ihrem Wesen.

Pajazzo rückte die Maske etwas tiefer, so dass man wenigstens den Stern auf der Nase im Ansatz erkennen konnte. Zum Glück waren die Sterne um die Augen frei. Er stolperte in die Manege, machte einen Purzelbaum und einen schrägen Salto, während die Trommeln wirbelten. Und da geschah es. Das Gummi riss beidseitig, die Maske fiel, ein großes Ah und Oh ertönte, dann Stille. Als wäre er vom Trapez gestürzt. Er stand im großen Rund der Arena, sechs, sieben Meter vor der ersten Reihe. Der Abstand war groß genug. Dennoch wichen einige Masken zurück. Die

Angst kennt keine Abstände. Sie ist immer im Herzen, immer hinter der Maske. Die Kinder blieben, mit großen Augen sahen sie ihn an. Da waren die roten, gebogenen Lippen, der ganze Stern auf der Nase, das gelbrote Kinn, das Weiß auf den Wangen. So stand er in der Arena, vor aller Augen, er selbst. Und, das konnte man trotz der Masken gut hören, die Kinder in der ersten Reihe lachten. Das, so tröstete sich Pajazzo, werden die Kinder aus dieser Vorstellung mitnehmen: Die Maske ist ein Mittel, nicht das Ziel. Das Ziel bleibt die Lebensfreude. Dafür war er da, mit seinem Clownsgesicht.

PAJAZZO, DIE SELBSTLOSIGKEIT UND DIE SCHNÖRZENKINDER

Pajazzo hörte die Kinderstimmen schon von weitem. „De hellje sinte mertes, do wor ne jode mahn..." Aha, Sankt Martin, jetzt kommen sie wieder Süßigkeiten schnorren, so wie letztes Jahr, als wir auch im „hillije Kölle" waren, dachte er in sich schmunzelnd, während er vor dem großen Spiegel in seinem Garderobenwagen die neue Perücke zurechtrückte. Er wollte nämlich in der Arena, morgen bei der großen Vorstellung, eine völlig neue Montur ausprobieren. Die Jacke war etwas verschlissen, auch ausgebleicht und die weite Pumphose gefiel ihm auch nicht mehr. Von seinem Zirkusgeld hatte er sich jetzt eine neue Jacke machen lassen, rotschwarz war sie, genauer: schwarze Punkte auf kaminrotem Grund, frackähnlich liefen die Teile am unteren Rücken auseinander, der Kragen ultramodern schmal – jedenfalls nahm Pajazzo an, dass das im Moment die Mode sei – es sah jedenfalls alles ein wenig marienkäferig aus. Schön war's.

„Butz butz fidebutz, hier wohnt ein reicher Mahahan", die Stimmen kamen näher, jetzt waren sie vielleicht nur noch drei oder vier Wagen entfernt. Letztes Jahr hatte er ihnen eine große Tüte Obst gegeben, Äpfel, Apfelsinen, Bananen. Aber die Gesichter hatten nicht dankbar geschaut. Einer der vier, fünf Sänger vergaß auch, seine offene, ausgestreckte Hand zurückzuziehen. Was wollen sie eigentlich, hatte Pajazzo sich danach gefragt. Den Sankt Martin nachmachen sicher nicht, dann würden sie ja etwas bringen und von sich geben. Der Gesang hätte das Geschenk auch nicht sein können, dagegen sprach schon der Text: „...viel soll er geben, lange soll er leben, selig soll er sterben..." Nein, es muss wohl eher ein Appell an die Großzügigkeit der Leute sein, sie sollten es diesem Franzosen aus Tours, der eigentlich ja ein Römer war, gleichtun und den Armen helfen. Sie sollten teilen, und sei es, was sie gerade selbst auf dem Leib hatten.

„Nun, eigentlich war dieser Martin kein Vorbild", sagte Pajazzo etwas brummend zu sich selbst.
„Er hat den Mantel, der gar nicht ihm, sondern der
römischen Armee gehörte, geteilt und eine Hälfte
verschenkt." So hatte er es im Geschichtsunterricht
gelernt. „Das wär´ doch so, als ob ich jetzt jedem
der Kinder mit den großen erwartungsvollen Augen einen Fünfer aus der Zirkuskasse schenken
würde. Da würde der Direktor eine ganz besondere
Nummer aufführen." Was man Pajazzo im Unterricht nicht gesagt hatte war, dass der Mantel nur
zur Hälfte der Armee und zur anderen Hälfte dem
Offizier Martinus gehörte. Das war so geregelt im
dritten und vierten Jahrhundert, auch für Martin,
der um 335 in Amiens stationiert war, nach Tours
ging er erst später. Martin hatte also seine Hälfte ganz verschenkt. Pajazzo fand eine andere Entschuldigung für seine These: „Gewiss, man weiß
nicht, was der Martin danach gemacht hat. Man
weiß, dass er Bischof wurde und kann wohl annehmen, dass er vorher die Sache mit dem Mantel in
Ordnung gebracht hatte. Das ist ja auch nicht so
wichtig", sinnierte Pajazzo weiter. „Es ging damals
um die Geste, sozusagen um die erste Hilfe. Wenn
Not am Mann ist, kann man nicht lange über Ei-

gentumsverhältnisse nachdenken. Der Bettler war schon blau vor Kälte. Ein klassischer Notfall." Da durchzuckte Pajazzo ein Gedanke: „Hätte ich ihm in dieser Situation meine marienkäferige Jacke gegeben oder gar hinten, bei den Frackschößen aufgerissen?" Pajazzo erschrak über diese Frage. Das wär´ doch zuviel verlangt. Dabei war es noch weniger verlangt als bei Martin damals. „Der ging sogar das Risiko ein", meinte Pajazzo, „wegen Zerstörung von Bundeswehreigentums zur Rechenschaft gezogen zu werden, vielleicht sogar eine Disziplinarstrafe zu bekommen oder degradiert zu werden. Schließlich müssen Offiziere Vorbild für die Truppe sein." Martin aber war Vorbild in einem viel weiteren Sinn, er hatte alles gegeben….

„Hier wohnt ein reicher Mann, der uns vieles geben kann..." - jetzt waren sie nur noch zwei Wagen entfernt. Pajazzo erschrak und schaute nach seiner Marienkäferjacke. Nein, die sollten sie nicht bekommen. Pajazzos Clown-Gesicht war unter der roten Perücke plötzlich ganz blass geworden. „Was für eine Schnapsidee von diesem Martin", sagte er sich ziemlich verärgert, „hätte er nicht einen seiner Soldaten losschicken und eine Decke holen lassen können. Warum musste er sich gleich vor der Truppe so aufblasen, das Schwert ziehen und in einem Hieb den schönen Mantel zerfetzen? Dafür ist er dann auch noch der Patron der Schneider geworden! Hätte er nicht an all die Leute denken können, die er mit solchen Großmannsgesten in Verlegenheit bringt? Jeder, der angesichts von Not und Elend jetzt nur einen kleinen Zipfel von seinem Reichtum abschneidet, steht doch gleich wie ein knickeriger Kerl, ja wie der supergeizige Ebenezer Scrooge in der Weihnachtsgeschichte von Walt Disney da - nein, von Charles Dickens, von dem haben sie sie ja abgeschrieben. Dieser Martin macht uns alle zu Geizhälsen, zu kleinen, mickrigen Kerlen. Das geht nicht. Das ist gesellschaftlich nicht korrekt, ja geradezu gemein. Wir wollen doch alle großzügig und cool sein, die Besten, die Größten, die allergrößten Clowns."

Nun ja, Pajazzo strich sich die neue Jacke glatt. Fast hätte er sich aufgeregt. Das sei, sagte er leise, „die Sache mit dem Martin ja nun auch nicht wert. Und überhaupt, was war eigentlich mit dem Bettler? Wo ist der hin mit seiner Beute? Auch das weiß man nicht. Man kennt halt nur die Bilder mit dem Pferd, dem Offizier, dem Schwert und so weiter. Vermutlich hat Martin den Bettler vor dem Kältetod gerettet. Aber was ist aus ihm geworden?" Egal, dachte Pajazzo – und fuhr sich sofort selbst in die Parade. „Nein, nicht egal. Ohne den Bettler wäre der Martin vielleicht gar kein Heiliger Sankt Martin geworden. Die Not des Bettlers war eine Chance für Martin. Die Chance, ohne Rücksicht auf Verluste das einzig Richtige und Wichtige im Leben zu tun, anderen Menschen helfen, ihnen Gutes tun." Das könne, so kam ihm ein Gedankenblitz, „das kann ja auch eine gute Clownsvorstellung sein, so dass alle herzhaft lachen. Und das muss ja nicht gleich heißen, die Marienkäferjacke zu zerfetzen oder zu verschenken. Außerdem, was hat ein Clown heute schon mit einem Bettler aus dem vierten Jahrhundert zu tun?" Sicher, auch heute gibt es Bettler, der von Martin war eben der Bettler von Martin und vielleicht hat jeder seinen Bettler, so wie jeder seinen Schutzengel hat. Sozusagen als seine persönliche Chance, Gutes zu tun.

Keine Frage, die Sache mit dem Bettler ging Pajazzo nach. Das „de hellje sente mertes" kam näher, in ein paar Minuten dürften sie an seine Wagentür klopfen. „Soll ich aufmachen?", fragte sich Pajazzo. „Es sind ja keine Bettler, nur Kinder." Und wenn nun die Kinder seine ganz persönlichen Bettler des heutigen Tages wären? Irgendwie wurde Pajazzo die Sache zu ernst. Das war nicht clownsmäßig. Man muss die Perücke auf dem Kopf lassen, und zwar auf dem richtigen. Wo kommen wir hin, wenn jeder seinen Mantel, seine Jacke oder andere liebgewonnene Stücke verschenkt? „Ja, wo kämen wir hin?", griff Pajazzo jetzt diesen Faden auf. Da klopfte es. Noch bevor er öffnete, ging es los: „de hellje sente mertes, da wor ne jode mann, de joff de kinne kehrzje und stoch se sellewer ahn. Botz botz fidebotz, da wor ne jode mahahann." Und dann kam's, in bestem hochdeutsch, so dass jeder, selbst ein Clown, es ohne Zweifel verstehen konnte: „Hier wohnt ein reicher Mann, der uns vieles geben kann, viel soll er geben, lange soll er leben, selig soll er sterben, das Himmelreich erwerben." Pajazzo muss schreckensbleich ausgesehen haben, die Kinder wurden leiser. „Was...was wollt ihr," hörte Pajazzo sich stammeln. „Süßes, kein Obst", sagten die fünf fast unisono. Pajazzo starrte sie entgeistert an. „Keine Jacke?" – „Warum?" – „Weil, ich dachte, euch ist kalt und meine Marienkäferjacke könnte...wäre...hätte..." Pajazzo kam zu sich, sah die fünf runden Gesichter unter ihren Wollmützen und die Lampen in den Fäustlingen und die dicken Jacken mit dem Fell und die Schals und die Tüten in den anderen Fäustlingen und die Hosen und die warmen Stiefel. „Ja, sofort, Süßes, wartet einen Moment." Pajazzo hatte für seine einsamen Fernsehabende eine kleine Reserve: Gummizeug, Bounties, Smarties. Nicht sehr viel, aber es reichte für's erste. Schließlich war das ein Notfall. Auf der Garderobe lagen auch noch ein paar Freikarten für die morgige Vorstellung. Die Kinder waren überrascht, sie strahlten. Süßes hatten sie ja schon ein paar Tüten voll, aber eine Zirkusvorstellung, das war das richtige. Sie sangen noch ein paar Verse und Pajazzo wusste nicht, was mehr strahlte - ihre Augen oder ihre Lampen.

Als die Schnörzenkinder zum nächsten Wagen zogen, blieb Pajazzo noch eine Weile an der Tür stehen und sah in den Sternenhimmel hinauf. „..selig soll er sterben, das Himmelreich erwerben" – so hatten sie gesungen. Es muss eine Verbindung geben zwischen dem Schenken, dem seligen Sterben und dem Himmelreich. Aber auch zwischen dem einfachen, unschuldigen Verlangen der Kinder und dem Glück. „...ihrer ist das Himmelreich", erinnerte sich Pajazzo an die Worte damals im Religionsunterricht. Warum nur, warum gehört den Kindern und Leuten wie diesem Martin das Glück? Pajazzo grübelte. Schenken, o.k., das kann angehen, das ist ein Zeichen von Selbstlosigkeit. Aber der Bettelgesang? Vielleicht war es die Einfachheit des Herzens, das Geradeausdenken, dieses ehrliche Bitten, das ist doch auch ein Stück von sich geben. Geben und Bitten, das ist eins, das war den Kindern und Martin gemeinsam. Das Geben, um die Not zu wenden, das Bitten, um das Herz zu öffnen, vielleicht für eine Botschaft oder auch nur um ein Zeichen der Liebe zu zeugen, das machte die Schnörzenkinder und den heiligen Martin so selbstlos. „Ja, Geben- und Bittenkönnen, das muss ihre Selbstlosigkeit ausmachen", wiederholte er sich selbst beruhigend und sah den Kindern mit ihren Lampen nach. Sie verbreiteten Licht auf dem Zirkusplatz. In der Kurve hinter einem Wohnwagen verschwanden sie, aber der Schein leuchtete noch herüber, solange er ihnen nachsah. Und auch in seinem Wagen war es hell und warm.

Pajazzo setzte sich wieder vor den Spiegel, rückte vorne an der Perücke herum und seine Marienkäferjacke über dem grünen Sessel kam ihm irgendwie farbenfroher vor. „Ein einfaches Herz, das offen ‚bitte' sagt", flüsterte er wie selbstverloren,

„ein Herz, das ohne Zögern gibt, das setzt einen Funken frei für die Ewigkeit. Einen Martin und die Kinder, dazu einen Bettler oder einen Clown, mehr braucht es nicht für ein bisschen Liebe, für ein Stück des Himmels". Der Gedanke machte ihn froh. Und als er am nächsten Tag in die Arena purzelte, mit seiner Marienkäferjacke und der neuen Perücke, da sah er die Kinder mit anderen Augen, mit den Augen des glücklichen, beschenkten Bettlers.

PAJAZZO, DIE STILLE UND DER LÄRM DER MENGE

Pajazzo liebte es seit einiger Zeit, die Tür zu seinem Wohnwagen langsam zuzuziehen und mit dem Griff fest zuzudrücken. Sie hatte Dämmstreifen an der Seite und im Rahmen und wenn sie dicht war, verstummte der Lärm da draußen. Die Fanfaren, die Stimmen, das Lachen, das Gemurmel, das Getröte und verhaltene Gebrüll aus den Tierzelten, auch der Direktor mit dem Mikrofon und seinen pompösen Ankündigungen per Lautsprechboxen. Alles war auf einmal weg, es war Ruhe. Manchmal war es ja auch in der Arena ruhig, ein leiser Trommelwirbel fing seine Fuge an, steigerte sich und hielt plötzlich inne. Dann sprang halt jemand ans Trapez, auf ein Pferd, oder aus einer Kiste. Oder der Dompteur peitschte im Lichtkegel irgendein

Tier durch die Manege. Das war nicht die Ruhe, nach der er sich sehnte. Er wollte Stille.

Neulich hatte er einen Moment der Stille erlebt. Er war durch das Kaufhaus der Stadt mehr geschoben als gegangen und hatte am Ausgang den jungen Mann mit seiner hochschwangeren Frau gesehen. Da war ihm die Karikatur eingefallen, die er tags zuvor in der Zeitung gesehen hatte. Auf ihr stand, vor dem überfüllten Kaufhaus, ein Mann neben seiner schwangeren Frau. Sie saß auf einem Esel, ringsherum viele Menschen mit angestrengten Gesichtern und darunter war zu lesen: Kein Platz. Als Pajazzo die zwei sah, ging er auf sie zu und fragte, ob er helfen könne. Der junge Mann meinte ja. Sie suchten einen Platz der Stille, um etwas auszuruhen. Pajazzo kannte aber keinen und meinte spontan: Das werden sie in diesen Tagen wohl nur im Kloster finden. „Ach ja, gute Idee", sagte der Mann, „vielleicht tut's auch eine Kirche, wir haben vorhin eine gesehen. Danke. Da gehen wir jetzt hin." Sie seien doch etwas erschöpft von dem Trubel und der Hektik. „Der Lärm der Menge, wissen Sie," hatte der Mann noch lächelnd gesagt, „das ist schon irgendwie aufsaugend und macht einen fertig."

Dann sind die beiden oder besser die drei gegangen und Pajazzo kam es vor, als seien sie vor den leeren Gesichtern und dem Lärm im Kaufhaus geflüchtet. Unvermittelt hatte er Lust verspürt ihnen zu folgen und das dann auch getan. Sie gingen wirklich in eine Kirche, er folgte und als zwei Minuten später hinter ihm das Tor ins Schloss fiel, da war plötzlich Stille. Er sah die beiden auch nicht mehr. Er setzte sich in die letzte Bank und schloss die Augen. Wie gut das tat! So saß er da, vier, fünf, vielleicht sechs Minuten. Er lauschte nur in sich hinein. Als sein Handy klingelte, stellte er es leiser und saß weiter. Er saß einfach nur da und schaute nach innen. Er kam sich auch nicht vor wie Herr Lindemann im Sketch von Loriot, denn keiner fragte, was er tue oder warum er da nur sitze. Oder ob er nicht doch etwas spazieren gehen wolle wegen der Gesundheit oder ob er nun eine Lösung für seine Probleme gefunden habe. Nein, Pajazzo fühlte einfach nur in die Stille. Und sie erfüllte ihn. Da saß er und da er nichts mehr hörte und nichts mehr dachte, durchfuhr es ihn wie ein Blitz: „Bin ich tot?" Aber es war einfach nur still. Als er schließlich aufstand und nach dem Pärchen schaute, sah er im Nebenschiff nur eine Krippe, allerdings ohne Kind, es war ja noch nicht Weihnachten. Aber Maria und Josef standen um diese leere Krippe, so als ob sie darauf warteten, dass sie gefüllt werde.

Pajazzo ging auf die Szene zu, neben der Krippe lag auf einem Ambo ein offenes Buch. „Wahrscheinlich die Weihnachtsgeschichte", dachte er und war erstaunt, dass er nur die Passage Matthäus 27,24 fand und las: „Als Pilatus sah, dass er nichts erreichte, sondern dass der Tumult immer größer wurde, ließ er Wasser bringen, wusch sich vor allen Leuten die Hände und sagte: „Ich bin unschuldig am Blut dieses Menschen. Das ist eure Sache!"" Und darunter stand: Liebe ist leise. Sie kommt mit der Stille. Pajazzo zog sein Handy raus, knipste die Passage. Das mit Pilatus ärgerte ihn. Er murmelte: „Der hat sich verpisst. So eine feige Sau. Aber mit Stil und eleganter Symbolik, das muss man ihm lassen." Jetzt fiel ihm auf: Das Wort „Tumult" war fettgedruckt. Es war für ihn wie ein Fingerzeig. Der Lärm der Menge, der Lärm der Medien, die Kakophonie der Menschen und Märkte, das Ausbrechen der Gefühle, Hass, Ablehnung, jenes radikal vernichten Wollen, der mediale Schlachtenlärm ums Rechthaben, um Ehre, Nation und Karriere – es kam ihm alles so archaisch, ja tierisch vor. Dieser Lärm vernichtet, absorbiert. Aber es sind nicht die Dezibel, die vernichten, sagte Pajazzo zu sich selbst und dachte an den rauschenden Applaus, den er gelegentlich für seine kleinen Späße in der Manege erntete. Und das laute Lachen der Kinder, das erfreute ihn doch, auch wenn sie auf der Straße spielten und sich zuriefen. Und sind die Wogen der Melodien, die Paukenschläge in Symphonien, etwa in Beethovens Fünfter, nicht auch bewegende Töne der Freude und Zustimmung? Nein, es war nicht der Lärm, das Laute an sich, das tötet. Aber warum dann diese Sehnsucht nach der Stille?

Pajazzo ging nachdenklich nachhause und nun schloss er die Tür seines Wohnwagens so dicht, dass er die Stille spüren konnte. Er wollte den Augenblick in der Kirche wiederholen. Die Stille hatte ihn belebt. Sie hatte ihn aus der Enge der Straßen befreit, von dem Lärm der ablehnenden Gefühle erlöst. Er brauchte diese Stille und war dem jungen Paar dankbar, dass sie ihm den Fingerzeig gegeben hatten, wo er diese Stille finden und seine Sehnsucht nach ihr erfüllen könnte. Er ging zum Kühlschrank, holte sich ein Bier heraus, öffnete die Flasche und setzte sich an den Tisch. Durch das Fenster sah er das große Zelt, neben dem Fenster ein Poster vom Strand, wo er dieses Jahr ein paar Tage Urlaub genossen hatte. Und da erinnerte er sich. Am Strand hatte er an einem Abend auch dieses befreiende Gefühl als er in die Weite, in die Unendlichkeit blickte und nur ein paar Möwen entfernt schreien hörte. Sonst war es still, fast unheimlich still. Die Sonne war untergegangen, das Rauschen der Wellen verebbt. Draußen auf dem Meer blinkte eine Boje. Das Meer war sein Freund. So empfand er es. Es stillte seine Sehnsucht. Nach dem Abendessen hatte er noch am Kamin gesessen und gelesen. Bücher sind seither seine stillen Begleiter durchs Leben. Zeitungen sind ja nur Zeugen des Tages. Damals las er auch Gedichte. Eins hatte ihn bewegt. Es war von dem spanischen Dichter Antonio Machado, der führende Kopf der Bewegung 98, die der spanischen Gesellschaft ihre Dekadenz vor Augen führen wollte. Machado verlor früh seine 18 Jahre jüngere Frau Sofia, die mit Mitte zwanzig an Tuberkulose starb und die er jeden Nachmittag im milden Sonnenlicht am Fluss entlang im Rollstuhl ausfuhr. Nach ihrem Tod schrieb er:

Señor, ya me arrancaste lo que yo más quería. /
Oye otra vez, Dios mío, mi corazón clamar./

Tu voluntad se hizo, Señor, contra la mía. /
Señor, ya estamos solos mi corazón, y el mar.

Du nahmst mir, Herr, was ich am meisten geliebt.
Hör hin, o Herr, wie mein Herz zu dir schreit.
Dein Wille, Herr, entschied sich gegen den meinen.
Herr, wir sind jetzt allein hier, mein Herz und das
Meer.

Es war eine einfache Sprache, das Versmaß wie
ein Wellenschlag. Die Einfachheit, der Schmerz,
der sich mit der unendlichen Weite des Meeres
paarte, all das hatte ihn beeindruckt und seine
Sehnsucht nach jener Stille geweckt, die er damals
für unauslotbar hielt. Jetzt glaubte er das Lotmaß
gefunden zu haben. Er kramte sein Handy raus und
las die Passage noch einmal. Jetzt fiel ihm auch der
letzte Satz, sozusagen der Kommentar auf: Die Liebe ist leise. Sie kommt in der Stille. Das war es, das
Maß der Erfüllung. Die Weite und Stille, die wie
bei Machado den Schmerz auflöst, in jener leisen
Melodie des Lebens, die man ewige Liebe nennt.

Pajazzo beschloss, dieses Jahr in die Christmette zu gehen. Er wollte vor allem ein Lied hören. Er
wusste, dass seine Schwester sich freuen würde,

wenn er mitkäme. Bei ihr und ihrer Familie war er wieder eingeladen zu Heiligabend und meist ging er nach dem Gänsebraten und den Geschenken und vor der Christmette. Diesmal sollte es anders sein. Er wollte es so. Aber jetzt saß er am Fenster mit seinem Bier und sinnierte schweigend vor sich hin. Hat die Stille seinen Willen berührt? Ihn vielleicht sogar bewegt? Gehören Stille und Wille zusammen? Das Bier schmeckte gut heute, Paulaner. Er holte eine zweite Flasche. Auf dem Kühlschrank war eine Ansichtskarte aus Manoppello. Seine Schwester hatte dort im Sommer das Volto Santo besucht und ihm voll Begeisterung geschrieben: „Nicht von Menschenhand gemacht, Pajazzo, nicht von Menschenhand." Dasselbe hatte sie ihm aus Guadalupe in Mexiko geschrieben. Er hatte dann tatsächlich rumgegoogelt und gelesen, dass diese beiden Wallfahrtsorte die einzigen auf der Welt seien, die wissenschaftlich unerklärliche Fingerzeige zu Gott anboten, sozusagen permanente Wunder, permanente Beweise seiner Gegenwart. Als er nach der Rückkehr der Schwester mit ihr darüber diskutierte, sagte sie schließlich: „Weißt du, Pajazzo, zum Glauben gehört auch der Wille. Man muss auch glauben wollen. Es ist nicht nur

Geschenk und auch nicht nur eine Frage des Verstandes, der nach dem Sinn und den Zusammenhängen sucht." Damit hatten sie das Gespräch beendet. Und jetzt fiel es ihm wieder ein, als er, die Flasche in der Hand, die Karte betrachtete. Das göttliche Gesicht, murmelte er. Man muss es auch sehen wollen. Es war still im Wagen. Er nahm einen tiefen Schluck. „Wahrscheinlich hat sie recht", dachte er. „Man muss es auch wollen. Und den Willen findet man in der Stille." Pajazzo freute sich über seine Erkenntnis. Das war ein guter Tag. Damit würde er an Heiligabend bei seiner Schwester punkten können. Und er würde noch eins draufsetzen und ihr sagen: „Weißt du, der Glaube muss auch vernünftig sein. Denn es ist nicht die Wahrheit an sich, die uns befreit, sondern der Wille, die Wahrheit mit Vernunft zu kapieren und so anzunehmen." Und sie würde große Augen machen.

PAJAZZO UND DER TOD DER HAUSFRAU

Pajazzo hatte Hunger. Es war Ostern, in ein paar Stunden sollte er zu seiner Schwester kommen. Sie und Jan, sein Schwager, hatten ihn eingeladen, er sollte das Fest nicht alleine verbringen. Aber das war eben erst in einer Stunde und das leichte Rumoren im Magen hatte er jetzt. „Mäckes", schoss es ihm in den Sinn, so nennen die Kinder doch den Fastfoodladen, „da brauch ich nicht kochen, kann schnell was reinschieben, kein Geschirr, warm und fertig, alles und sofort, so stand es neulich ja auch auf der Werbeseite in der Straßenzeitung. Für 'ne Kleinigkeit zwischendurch ideal." Aber heute ist Ostern, gab er sich selbst zu bedenken, „ob die heute überhaupt aufhaben?" Als Pajazzo ankam, war die Schlange länger als sonst. „Der Laden ist ja richtig voll", staunte er, „und das an Ostern. Und lauter junge Leute, und da hinten sitzen sogar ganze Familien. Essen die nicht zuhause?" Da war wieder ein Werbeplakat: Warm und fertig. Hier sind sie zuhause. „Guten Abend. Was darf's sein?", fragte die Uniform. Mal richtig schnell, dachte Pajazzo und schoss los: „Menü McRib, Majo, Cola, und so 'nen Obstsalat für einen Euro, alles hier" – es muss schnell gehen bei Mäckes. Pajazzo kennt das, er kommt gelegentlich, ist ja auch praktisch, sagt er sich dann immer mit einem leicht rechtfertigenden Gewissen.

In einer Ecke erspähte er einen alten Klassenkameraden. „Mensch, der Woiko", sagte er halblaut zu sich, er hat ihn schon öfter hier getroffen. Pajazzo steuerte mit seinem Tablett auf ihn zu. Woiko las. Und stopfte Fritten in sich hinein. „Frohe Ostern", sagte Pajazzo. Woiko schaute entgeistert hoch. „Was, wer?" – „Frohe Ostern, Alter." – „Mann hast Du mich erschreckt!" Woiko fasste sich, ein Lächeln huschte über sein unrasiertes Gesicht. „Komm her, lang nicht mehr gesehen", sagte er und schob sein Tablett mit dem Fastfood-Müll etwas zur Seite. „Was machst Du hier? Heut ist doch Ostern." – „Mal grad so", meinte Pajazzo, „geh gleich zu meiner Schwester. Und Du?" – „Ich lese, schau mal, haben mir die Kids geschenkt."

Woiko ist Lehrer, Geschichte und Sozialwissen-
schaften, Altachtundsechziger, unverheiratet aus
Prinzip, „Sports and Marriage are bunk", pflegte
er Churchill zu ergänzen und damit auch gleich
seine fachlichen Schwerpunkte zu nennen: Zwan-
zigstes Jahrhundert und familiäre Lebensformen.
Er zeigte Pajazzo das Buch, das seine Schüler ihm
offenbar zu seinem Geburtstag, das war Ende
März, geschenkt hatten. Dieses Jahr musste er 60
geworden sein. „Der Tod der Hausfrau – Ein Tat-
sachenroman von Daniel Bandito". „Ist ein Pseu-
donym", erklärte er, „klare Anspielung auf Cohn-
Bendit, also auf mich. Muss ich lesen, die wollen
wieder diskutieren. Stellen sich bockig, wollen die
Gender-Theorie nicht akzeptieren. Dummes Volk."
Woiko spricht immer in halben Sätzen, manchmal
nur in Wortfetzen. Die Zeit sei kostbar, begründet
er das. Aber es ist natürlich eine Reduktion, die aus
seiner Lebensform als Single herrührt. Das flüch-
tige Lesen und lange Fernsehen haben ihn mund-
faul gemacht. Er rülpste. „Tschuldigung." Auch
das war eine Deformation seiner Lebensweise. Er
steckte die letzten Fritten in sich hinein, leckte
sich die Finger der rechten Hand ab und schlürfte
den Colarest aus. „Die meinen, man bräuchte die

Hausfrau wegen der Esskultur - so ein Käse, ist alles schichtenspezifisch." Esskultur sei allein eine Frage der Sozialschicht, so lautete eine Lieblingsthese von Woiko. Wer Geld habe, könne sich teures Besteck und Gedeck leisten. Die anderen müssten immer aus demselben Teller essen, aus demselben Topf löffeln. Da könne sich doch keine Esskultur entwickeln. Fast verärgert suchte Woiko im Mäckes-Müll nach der Barbecuesoße für die Chicken Nuggets. Er nehme fast immer dasselbe, hatte er einmal gesagt, da brauche er nicht so lange überlegen. Und das sei dann aber auch etwas mehr als bei den anderen und deshalb sei sein Tablett immer so voll. Während sein Mahlwerk hinter den Bartstoppeln die Nuggets zum Schlingen zurechtkaute, sagte er, leicht wässrig und etwas mampfig: „Hausfrau, hatte ich auch mal. Hat mich sitzenlassen, Job war wichtiger, Anerkennung und so. Leeres Geschwätz. Hat jetzt einen anderen Typ."

Pajazzo nahm das Buch, blätterte und blieb bei einem Kapitel hängen, das mit dem Titel überschrieben war: „Von der Unverzichtbarkeit der Mutter und Hausfrau". Er überflog die Zwischentitel: Unverzichtbar für das Kind, unverzichtbar für die Familie, unverzichtbar für die Gesellschaft, unverzichtbar als Beruf, unverzichtbar für das Humanvermögen. Dann las er das Resumé, hielt inne und sagte: „Hör mal Woiko, das musst du lesen." Woiko brummte etwas, aber Pajazzo las schon vor: „Wenn heute nachweislich fast 25 Prozent aller Kinder, die die erste Schulklasse besuchen, verhaltensgestört sind, dann sind die Ursachen nicht in der Schule, sondern an den frühen Orten der Gefühlskultur zu suchen, sprich in der Familie beziehungsweise in den Krippen und Kindergärten." – „Ja, bei mir in der Klasse", meinte Woiko, „hab ich auch jede Menge Spastis. Total Gestörte, hören nicht zu, wippen immer herum, können sich keine fünf Minuten konzentrieren." „Ja, ja, das kann aber auch an Deinem Unterricht liegen", erwiderte Pajazzo, „aber mit diesen frühen Orten der Gefühlskultur wird das auch zu tun haben. Hör zu, das geht weiter." Und er las einfach vor, Woiko hörte zu, es ging um das Kapitel Wahlfreiheit und Kindeswohl: „Denn emotionale Stabilität und aktive Kommunikation mit dem Kleinstkind sind grundlegend für die Verschaltungen im Gehirn. Hier beginnt die Reform. Sie hat deshalb vor allem eins zu verschaffen: Zeit, Zeit für das Kind in den ersten Jahren. Zeit für die Liebe. Das ist der Kern der Forderung nach echter Wahlfreiheit. Ich habe keine Wahlfreiheit, wenn ich verarme. Ich habe keine Wahlfreiheit, wenn ich diskriminiert und geradezu geächtet werde, weil ich Mutter sein will, mit Leib und Seele. Ich habe keine Wahlfreiheit, wenn ich unfreiwillig einer Doppelbelastung ausgesetzt werde, deren Stress Liebe verhindert. Ich habe keine Wahlfreiheit, wenn meine gesellschaftlich nicht nur relevante, sondern notwendige Arbeit missachtet und nicht honoriert wird. Es sind die Mütter, die jene berühmten Voraussetzungen schaffen, von denen der Staat lebt und die er selber nicht schaffen kann." – „Na ja", warf Woiko ein und putzte sich die Finger jetzt mit der Mäckes-Serviette. Er suchte noch nach einem Argument, aber Pajazzo fuhr schon fort: „Sensationell, hör Dir das an: Ohne die selbstlose Arbeit von Müttern und Hausfrauen gibt es kein Kindeswohl und keine Quelle des Humanvermögens, keine kreative Kraft der Liebe. Die Selbstlosigkeit einiger weniger sozialer Gruppen, zum Beispiel Hausfrauen und Mütter, neutralisiert den Egoismus der geschäftigen Sachwelt. Die selbstlose Liebe macht Gesellschaften zu humanen Gemeinwesen." – „Jetzt wird's krass," sagte Woiko. „Und wie", meint Pajazzo, „nur noch die Sätze hier: Thomas von Aquin vergleicht die Gottesliebe nicht umsonst mit der Mutterliebe, weil die Mütter mehr daran denken zu lieben als geliebt zu werden. Ihre kreative Liebeskraft sorgt zwar nicht für die heile Welt, aber für die Heilung der Welt. Teilhard de Chardin hat Mitte des vergangenen Jahrhunderts vorhergesagt, dass die Menschen eines Tages lernen würden, die Energien der Liebe nutzbar zu machen und dass dies ein ebenso entscheidender Entwicklungsschritt in der Geschichte der Menschheit sein werde wie die Entdeckung des Feuers. Ohne Achtung der Leistung und der Person der Hausfrau und Mutter aber werden wir in den Höhlen der Ego-Gesellschaft bleiben und menschlich verkümmern. Der Tod der Hausfrau und Mutter wäre der Tod einer humanen Gesellschaft".

Woiko atmete tief durch. „Übertrieben", brummte er und kratzte sich am Bart. „Wir haben früher schon immer gesagt, dass Hausfrauen de facto Sklaven sind, weil..." – „Ja, ja, Simone de Beauvoir, Sartre, Schwarzer und vorher Marx und Engels und all Eure anderen Gurus – die haben Euch direkt in die Hölle des Egoismus geführt und vorgegaukelt, das sei die ideale Gesellschaft."

Pajazzo ereiferte sich. Vom Nebentisch ließen ein paar Jugendliche von ihren Burgern ab und schauten herüber. „Woiko, denk doch mal nach", meinte Pajazzo jetzt etwas leiser, „dieser Tanz um das goldene Ich führt doch in die Einsamkeit. Schau mal, wo Du bist, heute an Ostern. Wenn ich nicht gekommen wäre, würdest Du dich hier vollstopfen und über das Buch ärgern." – „Jetzt ärgere ich mich über Dich und das Buch, das ist auch nicht viel besser", warf Woiko zurück. „Hm", Pajazzo tippte ihm an die Brust, „was machst Du heute noch?" fragte er ihn unvermittelt. „Öh, wollte mir gleich an der Tanke Bier holen und dann glotzen. Vielleicht lese ich auch noch Dein beknacktes Buch da." – „Ist Dein Buch", sagte Pajazzo und schaute ihn an: „Hör zu Woiko, ich lad Dich ein, Du kommst mit mir zu meiner Schwester. Die ist ein prima Typ. Wir rufen Sie an und warnen Sie. Aber dann siehst Du mal, was eine gute Hausfrau ist. Ich geh sie mal anrufen, hier hab ich kaum Empfang."

Woiko war das etwas unheimlich. Er hatte sich auf einen Fernsehabend eingestellt. Letztes Jahr und an Weihnachten war das auch so gewesen. Aber die Erinnerung an Weihnachten war nicht gut. Er hatte geheult nach dem Film und sich besoffen. Das war kein schönes Fest gewesen. Vielleicht ist es bei seinem alten Freund und der Familie seiner Schwester in der Tat besser, er könne ja früh gehen oder später kommen und vorher noch ein paar Geschenke holen. Während er noch in Gedanken abwägte, was zu tun sei, kam Pajazzo zurück. „Alles klar, sie erwarten uns. Ich hol mir noch grad ein McSundae Eis und dann fahren wir los." „Bring mir eins mit," rief Woiko ihm nach und zog das Buch heran. „Diese Kerle, was die mir da geschenkt haben." Er blätterte etwas weiter an der Stelle, wo Pajazzo aufgehört hatte und las: „Papst Benedikt schreibt in seiner ersten Enzyklika: ‚Der totale Versorgungsstaat, der alles an sich zieht, wird letztlich zu einer bürokratischen Instanz, die das Wesentliche nicht geben kann, das der leidende Mensch – jeder Mensch – braucht: Die liebevolle, persönliche Zuwendung'. Und in der derselben Schrift: ‚Wer die Liebe abschaffen will, ist dabei, den Menschen als Menschen abzuschaffen'." „Das ist ja total christlich, was die mir da geschenkt haben", wunderte er sich, „wo haben die das her?"

Pajazzo kommt zurück, zwei McSundae Eis in der Hand. Sie sitzen noch eine Stunde, holen noch zwei McSundae Eis. Woiko ist happy. „Ostern mit

Freunden", sagt er, „das hatte ich schon lange nicht mehr." Sie packen ihre Sachen und gehen raus. „Das Buch!", ruft Woiko und läuft zurück. Strahlend kommt er wieder: „Fast hätten wir den Tod der Hausfrau vergessen," sagt er lachend. Dann fahren sie los, nachhause zur Schwester von Pajazzo.

PAJAZZO, DER VERWUNDETE UND DIE BEZIEHUNGEN DES LEBENS

Pajazzo sah den alten Mann schon zum vierten Mal. Er saß in der vierten Reihe von oben und vergnügte sich offensichtlich, jedenfalls hatte er laut gelacht, obwohl er doch seine Scherze kennen musste. Er hatte sie ja schon mindestens dreimal gesehen. Er war ihm aufgefallen, weil er nach der Vorstellung immer wartete, bis alle gegangen waren und erst dann aufstand, seine Krücken nahm, einen zufriedenen Blick durch die Manege schweifen ließ und dann langsam raushinkte. Wenn er morgen am zweiten Weihnachtstag wieder da ist, sprech ich ihn an, nahm sich Pajazzo vor. Und tatsächlich, da war er wieder, oben in der vierten Reihe. Als alle draußen waren und der alte Mann sich an seinen Krücken vom Sitz hochzog und auf den Ausgang zuhinkte, ging Pajazzo auf ihn zu und fragte, ob er ihm helfen könne. „Geht schon", keuchte der Alte und lächelte ihn dankbar an. „Die Krücken sind meine zweiten Beine, ich hab' sie jetzt seit über siebzig Jahren, ist noch aus dem Krieg", sagte er und deutete mit dem Kopf auf das rechte Bein. Es fehlte, die Hose war oberhalb des Knies zugenäht. „Die Bombe schlug in einem Zirkus ein, so wie der hier", fuhr er fort, ohne dass Pajazzo ihn gefragt hätte, „war in den letzten Kriegstagen. Mich haben sie rausgezogen, das Zelt brannte, für meinen großen Bruder war es zu spät."

Pajazzo war überrascht, der Alte musste das gerade wieder in Gedanken erlebt haben, und war vielleicht immer noch in seinem Erinnerungsfilm, sonst würde er nicht so unvermittelt, so offen reden. Schon ging der Film weiter. „Ich hab' dann nach dem Krieg erst Biologie und dann Hormonforschung betrieben, heute sprechen sie ja von Neurologie. Aber die Flammen lodern immer noch im Gedächtnis. Ich lösche sie mit Dopamin. Das erheitert das Gemüt, das überflutet das Belohnungszentrum, gerade wenn der Clown auftritt. Damals hat es auch den Clown erwischt. Und bei dem hat mein Bruder auch immer laut gelacht." Pajazzo schaute so erschrocken wie entgeistert. „Ja, Sie haben natürlich recht, der wird davon nicht mehr lebendig. Aber das ist meine Selbsttherapie, für einen Psychotherapeuten bin ich wohl zu alt." Pajazzo nickte nur, er wusste vor Verblüffung auch gar nicht, was er sagen sollte. „Aber schauen Sie sich doch die jungen Leute an", sagte der Alte keuchend weiter, als sie auf den Ausgang zurückten, „da gehen auch viele auf Krücken, ich meine auf seelischen Krücken, ohne es zu wissen. Allein die Smartphones werden für viele zu Krücken des Lebens und denen helfen sie, lieber Herr Clown, ganz großartig. Die vergessen für zwei Stunden dann ihre elektronischen Krücken. Und ein reales Lächeln, ein überraschender Scherz, das tut so gut." „Ja, ja", stammelte Pajazzo und war versucht, dem frohen, ernsten Alten unter den Arm zu greifen, aber der stand ganz gut auf seinen metallenen Krücken und redete schon wieder weiter. „Wissen Sie, diese jungen Leute brauchen das. Alles lässt sich heilen, wenn nicht durch einen Psychotherapeuten, dann eben in einer ordentlichen Beichte." Er lachte, als wenn er einen Coup gelandet hätte.

Pajazzo schaute noch verständnisloser, er brachte diese Enden nicht zusammen. „Das sind zwei verschiedene Paar Schuhe", sagte er, „das müssten Sie als Biochemiker oder Hirnforscher doch wissen. Beichte ist eine ganze andere Ebene". „Nun ja", bemerkte der Krückenmann jetzt etwas nachdenklicher, „das ist schon richtig. Aber es gibt eine Verbindung zwischen den Ebenen, die ist zugegeben etwas abstrakt und existiert vielleicht auch nur in meiner Krückenphilosophie, aber ich sag's Ihnen mal, weil Sie ein so guter Clown sind: Die Verbindung sind die Beziehungen, die wir haben. Sie machen in Wirklichkeit unser Leben aus. Und die erste Beziehung ist die zu unserem Schöpfer, zu Gott, wenn Sie verstehen, was ich meine", sagte er eher fragend in sich hinein und es schien, als ob ihn die mögliche Antwort gar nicht interessierte, so überzeugt war er, dass diese erste Beziehung im Leben für alle galt, auch für die Ungläubigen. Und als ob er Pajazzos Einwand schon im Keim ersticken wollte, sagte er mit ironischem Ton: „Wenn Sie die Geschichte der Evolution betrachten, mit all den erstaunlichen Zufällen – es ist schon unglaublich, was man alles glauben muss, um ungläubig zu sein."

Pajazzo hatte das so noch nicht gesehen, er war ja auch Clown und kein Forscher. „Und der zweite Kreis der Beziehungen", so fuhr der Krückenmann schon fort, „das sind die Eltern, die Geschwister, die Herkunftsfamilie und später dann die eigene Familie, Frau, Kinder, Enkel. Das prägt. Jeder prägt und jeder wird geprägt. Wenn diese Beziehungen in Ordnung sind, halbwegs in Ordnung, dann kann man auch einigermaßen heil durch diese Welt gehen." Durch ein großes Zelt trompetete ein Elefant. Weiter vorne wieherte es. Es war mild. Der Alte fuhr unentwegt fort: „Beziehungen muss man wollen, so wie die Wahrheit, die muss man auch wollen, wenn man sie erst mal erkannt hat. Das ist das Geheimnis der Freiheit, die Wirklichkeit annehmen wollen oder sie verneinen. Ist manchmal schwierig, zum Beispiel wenn man einen lieben Menschen verloren hat."

Pajazzo hörte zu, so hatte er die Welt noch nicht gesehen. „Ja, und der dritte Kreis", sagte der Biochemiker nun leicht keuchend vor sich hin, „das sind dann die Freunde, die Kollegen, die Bekannten. Auch wichtig, aber sie machen weniger die Identität aus als die beiden ersten Kreise. Sie sind eigentlich der Zirkus des Lebens." – „Aber wenn Sie hier im Zirkus sind, dann leben Sie doch in ihrem zweiten Kreis?", fragte Pajazzo etwas keck. Die leicht abfällige Bemerkung über den Zirkus des Lebens ärgerte ihn schon. Der Alte schwieg, während sie an Käfigen mit einem schläfrigen Löwen und zwei Affen vorbeihinkten. Da blieb der Krückenmann stehen, sah Pajazzo an und sagte: „Weißt Du, wenn ich Dich sehe und lache, dann fluten, ja waschen die Dopamine die Erinnerung. Sie löschen das Feuer. Aber Du hast recht, man kann nicht ewig in der Vergangenheit leben. Das ist eine Art Verneinung der Wirklichkeit. Man muss nach vorne schauen und wenn man so alt ist wie ich, dann muss man eben bis in die Ewigkeit schauen."

Sie hinkten an dem Kassenwagen vorbei und Pajazzo wollte etwas sagen, wusste aber nicht was. Schließlich fragte er: „Sind wir nicht alle verwundet?" Damit wollte er den Alten irgendwie trösten. Der lachte leise und meinte: „Ja, guter Clown, das sind wir. Aber es kommt darauf an, damit zu leben, gut zu leben." Er zeigte auf die zwei künstlichen Amphoren, Nachbildungen antiker Vasen aus Ton, die am Eingang zum Zirkus standen. „Ich hab' mal in Spanien wirkliche Amphoren gesehen, die hatten einen Sprung und wahrscheinlich deshalb auch einen gusseisernen Reifen um den Bauch. Was mir besonders gefiel, war ein Henkel an dem Eisenring und dass diese Ringe so sauber waren, sie glänzten." – „Jah, hm", brummte Pajazzo, „was hat das mit uns zu tun?" – „Nun", entgegnete der Alte, „diese eisernen Reifen machten die Vasen schön und praktisch. Sie hielten das Gefäß zusammen, bewahrten das Wasser kühl und der Henkel half beim Ausschenken. Die Reifen waren sozusagen die Krücken der Vasen. Und man musste sie von Zeit zu Zeit reinigen, damit sie weiter glänzten. So ist es auch mit der Liebe." Pajazzo nickte. „Verstehe", sagte er, „und solche Gusseisen brauchen wir auch, um unsere Beziehungen zu reparieren und ab und zu muss man sie polieren".

Der Alte strahlte. Er freute sich, dass der Clown, den er so gerne sah, seine Lebensweisheit verstanden hatte. Inzwischen waren sie am Eingang angekommen. Dort stand ein Taxi. Pajazzo fragte: „Wie kommen Sie nach Hause, Herr, äh..." – „Steilen, Michael Steilen, wie steilaufwärts und der Erzengel. Entschuldigen Sie, ich hatte ganz vergessen, mich vorzustellen. Nun, das ist mein Taxi. Jetzt fahre ich zu meiner Tochter, sie, ihr Mann und die Kinder warten vermutlich schon." – „Na, das gibt doch auch eine Dopamin-Flut", meinte Pajazzo. „Wenn ich Ihre Lebensweisheit richtig verstehe, dann ist die Familie auch so etwas wie ein permanentes Heilbad, jedenfalls hat sie das Potential." Herr Steilen schaute ihn lächelnd an. „Stimmt", sagte er, „da haben Sie völlig recht." Dann steckte er die Krücken ins Auto, ließ sich in den Fond des Wagens und der Chauffeur die Tür ins Schloss fallen. Die Scheibe surrte herunter. „Noch frohe Festtage und einen guten Rutsch, machen Sie weiter", sagte Herr Steilen und die Scheibe surrte wieder herauf. Pajazzo nickte und dachte: „was für eine merkwürdige Begegnung." Am nächsten Tag schaute er in die vierte Reihe. Aber er sah den Herrn Steilen nicht. Er sah ihn auch nie wieder, vielleicht weil Michael S. auch alles gesagt hatte, was zu sagen war.

PAJAZZO HAT EINE FREUNDIN – PURZELBÄUME ÜBER LIEBE, FREUNDSCHAFT, WAHRHEIT UND KONVENTIONEN

Pajazzo saß auf der Bank und wartete. Es war ein bisschen kalt hier im Vorzelt. Drinnen, in der Manege war es wohlig warm und die Leute klatschten und redeten und stopften ihr Popcorn in sich hinein. Pajazzo sah sie vor seinem geistigen Auge, aber er suchte Angelica. Sie hatte ihm gesagt, dass sie käme, um ihn zu sehen, wie er auf dem Seil tanze und die Leute zum Lachen bringe. Sie wollte ihn sehen. Na ja, er war einer der Stars des kleinen Zirkus. Sie hatten nämlich keine Löwen mehr, nur noch einen Tiger, ein Lama und einen Bären, eine Ziege, Pferde und ein paar Affen. Und ihn, Pajazzo mit der großen Seilnummer. Vor einem Jahr hatte er sie richtig kennengelernt, als sie im selben Dorf waren, damals noch mit den Löwen. Sie sah aus wie ihr Name, engelgleich. Schon oft hatten sie in diesem Dorf Halt gemacht, die Leute mochten den Zirkus und gaben den Tieren zu essen. Er hatte sie auch immer bemerkt, aber da war sie eigentlich wie ein Kind, ein junges Mädchen. Jetzt war sie eine Dame. Pajazzo hatte sich schon vor einem Jahr so sehr in sie verliebt, dass selbst die Haare seiner Perücke rot wurden, wenn er sie ansah, wenigstens kam ihm das so vor. Und dann, wie sie schaute, wie tief ihr Blick in sein Inneres drang, ihr befreiendes Lachen, ihr langes, windverspieltes Haar, das flimmernde Licht, das sie umgab, wenn sie mit ihm redete – sie war eine Fee.

Und jetzt war sie da. Sie hatte es ihm jedenfalls versprochen. Immer wollte sie künftig da sein, wo er, Pajazzo, seine Späße trieb. Überall, auf der ganzen Welt wollte sie bei ihm sein. Das hatte sie ihm geschrieben, denn während des Jahres hatten sie sich nicht so häufig sehen können. Sie hatte ja ihren Job und er den Zirkus. Aber jetzt würde sie kommen, alles aufgeben und ihn immer begleiten. Sie würde seine Perücke zurechtrücken vor dem Auftritt, würde ihn schminken, würde seine Pappnase aufsetzen, ihn drehen und wenden und die Fussel von der Karo-Jacke wegbürsten, ihm die Handschuhe mit den Löchern an den Fingerkuppen reichen und jede Bewegung wäre wie ein zärtliches „Du", eine Liebkosung von Clownfrau zu Clownmann, sie wären ein perfektes Clownpaar.

An der Musik in der Manege erkannte Pajazzo, dass die Trapezkünstler noch etwa fünf Minuten hatten. Dann war er dran. Dann würde er in die Arena stolpern und zuerst auf die Kinder in den ersten Reihen zuwackeln mit seinen überdimensionalen Schuhen und dabei würde er ihr zublinzeln, denn sie saß auch in der ersten Reihe, dort hatte er ihr einen Platz reserviert. „Für meine Freundin", hatte er Georg an der Kasse gesagt. „Is klar", hatte der gebrummt ohne von seinem Game Boy aufzublicken. Erst beim dritten Mal machte er sich eine Notiz und da wusste Pajazzo, dass dieser Platz nur noch von seiner Angelica besetzt würde. Aber was, wenn der Platz leer wäre? Wenn seine Freundin nicht kommen würde? Vielleicht waren ihr Zweifel gekommen, ob das Clownleben auch für sie das Richtige wäre? Es ist ja nicht so einfach, die Frau eines Clowns zu sein. Vielleicht hatte sie ganz andere Vorstellungen vom Leben, wollte keine Clownkarriere machen, vielleicht wollte sie, dass er Zirkusdirektor würde und sie sollte an der Kasse sitzen. Sie hatte es in ihrem letzten Brief bedauert, dass der Zirkus die Löwen verkauft hatte. Das hatte ihn ein wenig gewundert und verstanden hatte er auch nicht, warum sie plötzlich so viel von ihrer kranken Mutter schrieb und von ihrem Job und so wenig von ihm. „Nimm dich nicht so wichtig", hatte er sich selbst gesagt, schließlich hatte sie ihm ihre Liebe beteuert. Er konnte ja auch nicht verlangen, dass sie ihm hörig sei, dass sie ihr ganzes Leben auf ihn abstimme. Oder doch?

Pajazzo hörte den Trommelwirbel nebenan, aber irgendwie kam es ihm vor wie ein pochendes Geräusch in der Ferne. Gleich hängen sie in der Luft, sagte er selbstverloren zu sich und wusste nicht, ob er die Freunde am Trapez oder sich selbst meinte. Merkwürdig, er hatte ihr doch alles gegeben, was er hatte und noch mehr versprochen. Und sie eigentlich auch. Und jetzt dieser plötzliche Zweifel. Nein. Sie waren sich einig, dass Freundschaft eine Sache des Herzens und Denkens ist, nicht der materiellen Umstände. Das macht sie beständig. Man geht gemeinsam einen Weg. Über so viel Stationen auf diesem Weg hatten sie nächtelang gesprochen und geschrieben, um ihr Denken aufeinander abzustimmen. Sie hatte - für ihn etwas unverständlich - insistiert, dass sie auch kirchlich heiraten sollten. Nun, warum nicht. Es war ihm eigentlich egal. Aber für einen Moment hatte er sich gefragt: Was bin ich ihr wirklich wert, wie groß ist ihre Liebe, wenn sie auf so eine Feier so viel Wert legt? Das gehöre dazu, meinte sie, und für eine Freundschaft nur zu zweit sei sie nicht die Richtige, Liebe dürfe sich nicht in einem Menschen allein erschöpfen. Pajazzo hatte damals gekontert: „Niemand hat eine größere Liebe, als wer sein Leben hingibt für seine Freunde." Das hat ihm seine Mutter einmal gesagt, als er sich mit seinem Jugendfreund Dirk zerstritten hatte. Mutter kam immer mit so großen Worten, so dass einem nichts mehr einfiel. Es ging ja nur um einen relativ harmlosen Streit in der Schule. Aber das Wort blieb irgendwie hängen. Und als Angelica die Sache mit der Messe und der Freundschaft und der großen Liebe brachte, da fiel es ihm wieder ein. Sie hatte dann nichts mehr zu erwidern gewusst, so wie er damals bei seiner Mutter. In der Liebe war er unschlagbar. Er würde sein Leben für sie geben, hatte er, diesen Moment des Triumphes auskostend, noch hinzugefügt. Das würde er heute nicht mehr sagen. Denn kurz danach war er, vor einer Vorstellung auch auf dieser Bank wieder ins Sinn-Suchen gekommen und hatte sich gefragt: Nun, das Leben hingeben aus Liebe ist eine prima Sache. Aber was, wenn sie nicht die Richtige wäre? Das wäre wie ein Sturz vom Seil, völlig unnötig. Nein, man schmeißt sein Leben nicht einfach so weg. Auch ein Clown darf das nicht. Im nächsten Brief schrieb sie ihm dann: „Liebster Pajazzo, ich liebe Dich, auch wenn Du Dein Leben nicht für mich hingibst." Sie hatte einen feinen Sinn für Humor.

Der Trommelwirbel war zu Ende. Jetzt schweben sie, in der Leichtigkeit ihrer Kunst, dachte Pajazzo. Früher hatte er immer noch durch einen Spalt im Vorhang in die Arena gelugt. Aber heute wollte er ganz im Hintergrund bleiben, er wusste ja auch alles. Und die Frage mit der Liebe und dem Leben ging ihm nach. Auch Liebe muss einen Sinn haben. Sonst ist es nur Gefühlsmanagement. Aber welche Liebe, welche Freundschaft hat einen Sinn und welche keinen? Schwierige Frage, konstatierte Pajazzo. Seine Gefühle für Angelica waren echt. Gut. Das war doch schon mal was. Meine Freundin ist sie auch, denn wir wollen gemeinsam unsere Zukunft gestalten. O.K. Das Ganze ergibt Sinn. Dennoch fehlte ihm etwas. Die Zukunft, ja welche Zukunft? War es wirklich unsere Zukunft oder nur ihre? Er war kompromissbereit in der Frage der Hochzeit, sie nicht. Er war bereit sein Leben zu geben, aber war er auch bereit, seinen Job, das Erlebnis in der Arena aufzugeben, den Geruch im Zirkuszelt, der so oft so anheimelnd bis in seinen Garderobenwagen zog? Die großen Entscheidungen sind wohl einfacher als die kleinen alltäglichen. Man muss sie nur höchst selten unter Beweis stellen, die kleinen dagegen immer. Und der Kompromiss? Ist er immer das Richtige, das Wahre? Liegt der Sinn nicht darin, das Richtige, das Wahre zu suchen und zu tun? „Mein Leben kann ich hingeben", flüsterte Pajazzo, „aber die Wahrheit nicht. Und wenn ich die Wahrheit habe und weggebe, dann vergeude ich auch das Leben. Und verliere das Glück".

Pajazzo erschrak vor sich selbst. Diese Erkenntnisse, herausgekramt aus der Seelenkiste seiner Jugend, trafen ihn wie Peitschenhiebe. Zuerst die Wahrheit, dann die Liebe. Und was ist die Wahrheit? Wie soll ein Clown wissen, was die Wahrheit ist? „Die Wahrheit wird euch frei machen", hatte seine Mutter auch manchmal gesagt. Das war wieder so ein Wort aus der Bibel. Frei sein, das wollen alle. Aber Pajazzo hat noch keinen getroffen, der sagte: „Das Frei-Sein wird euch wahr machen." Schon wieder: Wahrheit zuerst. Und das wusste er jetzt auch: Ein Gefühl kann die Wahrheit nicht sein. Er wusste außerdem, dass er in die Manege musste, auch wenn er keine Lust dazu hatte. Er wußte, dass die Kinder auf ihn warteten, dass er Teil des Programms war, mit und ohne Gefühl. Er wusste, dass er hart arbeiten mußte, um ein guter

Clown zu sein. Er wusste auch, dass seine Freunde im Zirkus das von ihm erwarteten und dass viele von ihnen selber hart arbeiteten. Alles das war wahr, weil es die Wirklichkeit war, ob er wollte oder nicht. Ich will frei sein, sagte Pajazzo und erschrak wieder. Vielleicht war es auch der donnernde Applaus in der Manege, der ihn aufschreckte.

Gleich war er an der Reihe. Der Direktor würde die Trapezfreunde noch verabschieden und dann ihn ankündigen. Mechanisch stand er auf und ging zum Vorhang. Sie saß irgendwo dahinter, in der ersten Reihe. Angelica und ihre Karriere, Angelica und ihre Mutter, Angelica und ihre Zukunft, Angelica und ihre Grundsätze, ihre Konvention. Alles das saß auf einmal in der ersten Reihe. Und Pajazzo? Was sind meine Grundsätze, fragte er sich. Wer sind meine Freunde, was ist mit meiner Familie, meiner Clownkarriere? Während Pajazzo wieder in sich kramte, kündigte der Direktor ihn an, ein Tusch und der Vorhang hob sich. Er stand in der Manege, mitten in seinem Leben und wackelte auf die erste Reihe zu. Da waren viele Kinder, Angelica war nicht da. Sie war nicht gekommen und Pajazzo fühlte sich merkwürdig erleichtert, trotz der Enttäuschung. Morgen würde er sie anrufen und ihr für die Briefe danken. Es war ihm jetzt klar: Angelica hatte gemeinsame Interessen mit ihm, für ein gemeinsames Leben reichte es nicht. Ihre Erkenntnis der Wahrheit war nur konventionell, es waren allgemeine Übereinkünfte. Er aber suchte die Wahrheit. Und schon diese Erkenntnis machte ihn frei. „Pajazzo, he!", rief ein Kind in der ersten Reihe und entgeistert schaute er es an. „Ja, hier bin ich, ich bin da", sagte er, lachte laut auf, und wackelte auf die Menschen zu.

PAJAZZO, DIE VATERSCHAFT UND DER RAT DER SCHWESTER

Pajazzo stapft verärgert durch den Schnee. Richtig ärgerlich ist er. Da hatte ihn seine Schwester in die Messe eingeladen, das schade nicht, auch wenn Weihnachten erst in zwei Wochen ist, hatte sie gesagt. Heute am 8. Dezember sei auch ein großes Fest. Und er hatte, gutmütig wie er ist, ihr den Gefallen tun wollen, die große Vorführung im Zirkus sollte sowieso erst an Weihnachten sein. Er hatte also auch Zeit. Sogar eine gewisse Neugier hatte er mitgebracht, ob die Evangelien noch so waren wie früher. Und jetzt diese Enttäuschung. Was heißt Enttäuschung, berichtigte er sich. „Dieser Betrug, ja dieser Doppelbetrug", sagte er laut. Da hatten sie doch die Messe bis auf Lesung und Evangelium im Ortsdialekt, in Bönnsch gehalten. Angeblich, weil die Leute das so wollten, dabei kann der Pfarrer kein richtiges Hochdeutsch und deshalb redet er gern in diesem unverständlichen Proletarierdeutsch. Seiner Schwester und den kleinen Neffen hat es natürlich gefallen. Und wie! Wie sie das Gebet zur Heiligen Familie laut mitgebetet haben: „Lehve Jott, Jesus, Maria on Josef, doot ons erleuschte, hälefe, rätte." Das ging ja noch. Aber das Evangelium war die Höhe. Nur Namen! Pajazzo regte sich immer noch auf. Stammbaum Jesu. Mit Abraham, Isaak, Jakob und David konnte er noch was anfangen, das klang vertraut. Aber was sollten ihm Leute wie Phares, Esron, Rahab, Aram oder Aminadab sagen, was die Herren Amon, Joram, Josaphat, Achaz oder Jesse. Von denen erfuhr er nur, dass sie gezeugt haben, irgendwie in einer Linie, aus der dann zwischendurch mal der König David und danach nach weiteren Kerlen wie Eliut, Sadok, Mathan, Azor oder Eliakim dann der Joseph an der Reihe war, der Mann Marias. Solche Namensreihen sind doch langweilig. Dafür geht keiner in die Messe. Ein bisschen Abwechslung sollte schon sein, sonst halten auch die Kids nicht still. Das kennt er doch aus der Zirkuskuppel. Wenn da nichts passiert und nur gelabert wird, werden die alle unruhig. Völlig falsche Dramaturgie. Das Leben ist anders. Da passiert immer was. Auch im Fernsehen wird immer was geboten. „Was soll man mit diesen Stammbaum-

Typen anfangen?", hatte er seine Schwester süffisant gefragt. „Und was wäre gewesen, wenn einer impotent gewesen wäre? Wäre dann die Erlösung der Menschheit geplatzt?" Martha hatte ihn darauf nur streng angeschaut. „Wir reden gleich darüber", zischte sie.

Und das tat sie dann auch nach der Messe. Seine Ahnungslosigkeit sei schon etwas dümmlich, meinte sie. Wahrscheinlich gehöre er auch zu denen, die den 8. Dezember nicht als Mariae Empfängnis, sondern als „Maria im Gefängnis" in Erinnerung haben, weil irgendein Prominenter das mal so gesagt habe. Nein, hier gehe es nicht darum, dass Maria ein Kind empfangen habe, sondern dass sie selbst frei von der Erbsünde, also unbefleckt empfangen wurde. Schließlich sollte sie die Mutter Gottes werden. Und wahrscheinlich interpretiere er, Pajazzo, auch die Zweifel des heiligen Josef so wie die meisten, nämlich dass Josef sah, dass seine künftige Frau schwanger war, er aber nicht wusste, vom wem und er sie daher heimlich aus der Bindung mit ihm entlassen wollte. „Nein", sagte sie, „Josef hat natürlich mit Maria gesprochen, sie hat ihm erzählt, was der Engel ihr verkündet und dass sie ja gesagt hatte zum Willen Gottes. Und nun hatte Josef Zweifel, ob er würdig und gut genug sei, die Mutter Gottes durchs Leben zu begleiten und zu schützen. Es waren so etwas wie Selbstzweifel." So sprach Martha. Das war schon hart, ihn so deutlich mit seinem Nichtwissen zu konfrontieren. Und dann kam sie zum Punkt. Natürlich hat der Stammbaum Namen, die zeigen mehr als eine Zeugungslinie auf, sie sind Zeugnis der Vaterschaft durch die Jahrhunderte. Ohne den Urgroßvater wären sie und er, Martha und Pajazzo nicht da. Aber der Urgroßvater wusste nicht, dass aus Pajazzo ein Clown werden würde. Alles Tun geschieht zum Teil ins Ungewisse. Aber ohne Vernunft bleibt es ungewiss, mit Vernunft geschieht es ins Hoffnungsvolle. Vaterschaft ist Hoffnung. „Und ich", fragte Pajazzo, „bin ich ein hoffnungsloser Fall, weil ich nicht Vater bin?" Da war Martha platt. Sie haben sich dann für den nächsten Tag bei ihm im Wagen verabredet. Sie wollte noch nachdenken.

Pajazzo, wusste schon, was er ihr sagen würde. Zuhause hatte er nämlich nachgeschaut. Von seinem Hausphilosoph aus den sechziger Jahren hatte er sich mal einen Spruch aufgeschrieben. Jean Paul Sartre hieß der und der hatte gesagt: „Das ganze Leben ist eine sinnlose Leidenschaft." Zugegeben, im Ergebnis ziemlich traurig, aber immerhin der Rausch der Leidenschaft und Gefühle. Das sei entscheidend, hatten sie als Studenten gesagt. Deshalb sei er ja auch Clown geworden, um diese traurige Grundstimmung durch den Spaß des Momentes, das Gefühl der Fröhlichkeit, etwas zu vertreiben. Martha sah das anders. Sie hatte auch nachgedacht und wusste ja, dass er sich vorbereiten würde und das mit Blick auf die Vergangenheit täte. Natürlich sei ein Leben ohne Vaterschaft oder ohne Kinder auch sinnvoll. Es könne auch glücklich sein. Denn Augustinus habe gesagt, Gott sei die einzige Quelle der wahren Freude. Weil sie nie versiege. Weil Liebe erst Erfüllung finde durch die Wahrheit. „Erst wenn Liebe und Wahrheit übereinstimmen, ist der Mensch wirklich gut", sagte sie. Das sei von Ratzinger. Also sei das Glück unabhängig von der Vaterschaft. Und schließlich gäbe es auch noch geistige Kinder, all die zum Beispiel, die zu seinen Vorstellungen kämen und in ihm ein Vorbild sähen, ein Vorbild der Fröhlichkeit.

Jetzt war Pajazzo platt. „Das ist mir zu hoch", sagte er. Da sei das Bönnsch noch erträglicher. „Beides", meinte Martha und sagte: „Hellich, hellich, hellich, Häer, Jott von dänne Heerschare. Hosanna en de Hüh." Und lachend packte sie einen Kuchen aus. „Dat issene sinnvoll Liedenschaaf, Jott well, dat mer fröhlesch sin." Da hatte sie zweifellos recht, oder rääsch, wie sie sagen würde. Trotzdem wollte er jetzt auch mal mehr über seine Zukunft nachdenken, über Vaterschaft und Herkunft und so. So eine Frau wie die Martha, das ist schon ein Pfundskerl, so eine müsste man finden. Auch wenn man es, frei nach Augustinus, nicht so unbedingt braucht. „Hosannah en de Hüh", murmelte er und Martha lächelte sinnig.

PAJAZZO, NEFFE JONAS,
DIE COMIC-HELDEN UND DIE HEILE WELT

Der Großvater saß leicht vornübergebeugt am Kamin und schaute in das Feuer. Nach einer Weile kam der kleine Jonas heran und schaute mit. Eigentlich wollte er den Opa fragen, was er da sehe oder warum er so in das knisternde Feuer schaue, aber der Blick seines Großvaters war so weit weg, dass er wohl meinte, seine Frage würde ihn nicht erreichen. Schließlich traute er sich doch und sagte: „Opa, was siehst du da?" Und es war wirklich so, der Opa hörte ihn erst nicht. Jonas zupfte ihn am Ärmel und fragte nochmal: „Was ist da im Feuer?" – „Das Leben, es verglüht, es vergeht wie das Holz", sagte der Opa leise. „Aber das verstehst du noch nicht." In der Tat, Jonas verstand das nicht. Wie sollte er auch mit seinen sieben Jahren und gerade mal ein paar Monaten Schule solche Sätze verstehen. Das war ja wie in dem Film von Star Wars, von dem immer alle reden und in dem sie auch immer so komische Sätze sagen. Dennoch wagte er eine Nachfrage: „Im Backofen ist es auch heiß. Verglüht da jetzt meine Geburtstagsgans?" Es war natürlich die Weihnachtsgans, aber weil Jonas am 25. Dezember geboren war, nannte er sie seine Geburtstagsgans und er hatte durch das dicke Ofenglas schon gesehen, dass die Gans knusprig braun, an den Keulenenden sogar schon dunkelbraun und leicht angeschwärzt war. Der Opa antwortete nicht. Jonas fragte: „Woran denkst du?" – „Pajazzo müsste bald kommen, er wollte mir was mitbringen." – „Ja, und mit mir wollte Onkel Pajazzo spielen", sagte Jonas. „Es dauert ja noch bis zu meinem Geburtstag und Mama muss auch noch den Baum schmücken."- „Wir können inzwischen etwas fernsehen," schlug der Großvater vor. Im Programmheft habe er gesehen, dass am Nachmittag ein schöner Film gezeigt werde. „Der kleine Lord', den zeigen sie jedes Jahr zu Weihnachten."

„Der kleine Lord", wiederholte Jonas leise, fast für sich. „Was ist ein Lord?" Noch bevor Großvater antworten konnte, klingelte es an der Haustür. „Onkel Pajazzo", rief Jonas, „der kommt zum Spielen." „Und hoffentlich bringt er mir mein Geschenk", dachte Großvater. Schon hatte Mutter aufgemacht und ihren

Bruder Pajazzo umarmt. Er kam immer zu Weihnachten, sie war seine einzige Schwester und solange er keine eigene Familie hatte, war klar, dass er nicht alleine an Heiligabend in seinem Zirkuswagen sitzen und fernsehen und dabei irgendwelche Chips und Kekse verdrücken sollte. Pajazzo hatte ein kleines Paket in der Hand. „Könnte ein Auto sein oder etwas für meinen Kaufladen", dachte Jonas und wollte es ihm schon abnehmen, aber Pajazzo sagte: „Nein, nein, das ist für Opa." Jonas schaute es jetzt genauer an. Es war doch sehr schmal, für ein kleines Auto zu schmal und außerdem zu breit. Aber vielleicht hatte Onkel Pajazzo noch etwas in den großen Taschen von seiner Karojacke, die waren doch auch verdächtig ausgebeult. „Moment, Jonas", sagte Pajazzo, „du bist gleich dran. Erst mal der Opa." Der strahlte schon, denn er hatte am Format des kleinen Pakets erkannt, dass Pajazzo gefunden hatte, worum er ihn vor zwei Wochen gebeten hatte. Er war ja nicht so fit im Internet und Pajazzo hatte zwischen den Vorstellungen oft viel Zeit, so dass er im Netz suchen konnte. „Ja, ja", sagte Pajazzo freudestrahlend, „ich hab's gefunden. War nicht ganz billig, aber dafür gut erhalten." Großvater nestelte schon am kleinen Paket herum und zog vorsichtig die Original-Comic-Heftchen im Piccolo-Format von Nick, dem Weltraumfahrer, Lehning-Verlag, erste Serie, Nummer dreißig und eins mit einer Klarsichthülle heraus. Die fehlten ihm noch, jetzt war die Serie komplett. „Sputnik explodiert", war der Titel von der Nummer eins, erschienen vor mehr als einem halben Jahrhundert. „Ohne Sputnik gäb es Euer Internet nicht", frohlockte Großvater, „ihr jungen Leute habt Nick viel zu verdanken." Er lächelte wissend, prüfte fast ehrfurchtsvoll das schmale Heftchen und blätterte vorsichtig in den Bildgeschichten. „1957 wurde der erste Satellit in den Weltraum geschossen, von den Russen, er hieß Sputnik", erklärte der Großvater, „und die Russen haben später gesagt, sie hätten dort oben nichts von Gott gesehen – Dummköpfe! Weder da oben noch hier unten sieht man was, wenn man nicht will."

Jonas staunte. So wach und froh hatte er Großvater schon lange nicht mehr gesehen. „Was sind das für Geschichten?" Er war richtig neugierig geworden. „Das sind Geschichten von der heilen Welt", erklärte der Großvater. „Da ist noch klar, wer gut und wer böse ist und am Ende siegt immer das Gute." – „Und das ist heile Welt?" – „So ist es, genau so und nicht anders", sagte der Großvater und steckte das Heft lächelnd wieder in die Klarsichthülle.

Pajazzo lächelte auch. Dann griff er in die breite Tasche der großen Karo-Jacke und holte weitere kleine Pakete heraus. Die waren nicht schmal und flächig, sondern fünf bis zehn Zentimeter hoch und breit und zwanzig Zentimeter lang. Pajazzo hatte sie in weißes Papier gepackt und zwei Namen darauf geschrieben: Jonathan Jones und Joe Straight. Jonas strahlte. Das waren seine imaginären Helden, die saßen immer in den Autos und kurvten herum, während er mit flatternden Lippen die Motorengeräusche dazu lieferte. Gern hätte er wie Großvater schon gesehen und berührt, welche Exemplare, also in diesem Fall welche Autos da drin waren. Aber er wusste, dass er bis zum Abend warten musste - Geschenke nimmt man an, nicht weg und auch nicht vorweg. Sonst schimpfen Mutter oder Vater oder sogar beide und das bringt die heile Welt durcheinander.

Pajazzo sah, wie Jonas nachdachte und sich zurückhielt. „Weil du so lieb bist, habe ich noch zwei kleine Pakete, alles für gleich", sagte er und zog sie aus der anderen Tasche. Jonas dachte: „Wer lieb ist, hat heile Welt und mehr Autos. Das lohnt sich." Er nahm die kleinen Pakete und wollte sie schon auspacken. Da fiel ihm ein, dass unter seinen kleinen Autos auch Panzer waren und seine Miene verfinsterte sich. „Was ist los, gefallen dir die Pakete nicht?", fragte Pajazzo. „Doch doch", erwiderte Jonas, „aber meine Panzer und die heile Welt, ich spiele auch gern mit den Panzern." Der Großvater schaute überrascht auf den Kleinen. „Das mit der heilen Welt beschäftigt dich, was?", fragte er und lud Jonas ein, an den Kamin zu kommen, während Pajazzo und die Mutter sich um den Baum kümmern wollten.

„Panzer sind böse", sagte Jonas, „sie töten." – „Nein", erwiderte der Großvater, „Panzer sind gar nichts, sie schießen nur, wenn die Menschen darin es wollen und auf bestimmte Knöpfe drücken." – „Dann sind die Menschen böse?", fragte Jonas. „Nur wenn sie es sein wollen", erklärte Großvater. „Man kann mit den Panzern auch schützen und Böses abwehren. Es können auch gute Menschen im Panzer sitzen, zum Beispiel Joe Straight." Das leuchtete Jonas ein. Joe Straight war ok, ein Guter. Ein Held. „So wie Nick?!" sagte er mehr bestimmend als fragend. „So wie Nick", wiederholte der Großvater. „Nick und die anderen Helden in den Comics oben auf dem Speicher haben mir auch geholfen und mich beschützt, obwohl sie ständig mit der Strahlenpistole geschossen oder wie Sigurd mit dem Schwert oder Akim mit dem Dolch gekämpft haben. Sie taten es für das Gute. Und einmal", jetzt ging der

Blick des Großvaters wieder weit weg, „einmal haben sie mir sogar gesagt, ich solle keine Comics klauen, das tun edle Ritter nämlich nicht. Ich wollte mal Comics stehlen, als ich auf die Öffnung des Comic-Ladens wartete und die Lieferung der neuen Zeitschriften und Hefte schon vor der Tür lag. Das war eine große Versuchung." Noch bevor Großvater weiter sprechen konnte, fragte Jonas: „Wer sagt uns heute, was gut und böse ist? Joe Straight redet nicht mit mir, ich spreche und fahre für ihn." – „Nun", lächelte der Großvater, „Sigurd, Akim und Nick haben auch nicht geredet, aber ihr Vorbild in den Geschichten hat mir gezeigt, was gut und böse ist." – „Aha", nickte Jonas, und man konnte sehen, wie sich in seinem kleinen Lockenkopf die Dinge fügten. „Mir sagen Mama und Papa, was gut ist und was böse. Mama sagt es lieb und Papa laut. Haben Nick und die anderen auch eine Mama und einen Papa?", fragte er weiter. „Kommen alle Mamas und Papas aus einer heilen Welt?" – „Jetzt wird es etwas kompliziert", sagte der Opa mit einer nachdenklichen Falte auf der Stirn. „Schau mal, da neben dem Weihnachtsbaum, wo Onkel Pajazzo jetzt rumklettert, da ist die Krippe und das Jesuskind sagt uns allen, was gut und böse ist." – „Mir nicht", meinte Jonas fast trotzig. „Vielleicht, weil du nicht richtig hinhörst," entgegnete Großvater. „Er spricht in uns, da muss man ganz still sein und lauschen. Dann entdeckt man auch die heile Welt. Die ist nämlich nicht hier draußen, sondern in uns."

Jonas verstand das nicht so ganz. „Hmhm", brummte er und ging zu seinem Onkel Pajazzo. Vielleicht wusste der genauer, was es mit der heilen Welt auf sich hat. Pajazzo sprach gerade mit Mutter über die Flüchtlinge. „Alle raus, keinen mehr reinlassen, wer weiß wieviel Terroristen schon drin sind", sagte Pajazzo gerade und dachte wohl an das volle Zelt im Zirkus. Aber seine Schwester widersprach: „Sag das ja nicht dem Opa", meinte sie. „Die sind damals geflohen und waren froh, hier eine neue Heimat gefunden zu haben." – „Ja, aber die waren auch keine Afrikaner oder Araber", wetterte Pajazzo. Jonas hatte zugehört und unterbrach ihn: „Haben Afrikaner und Araber keine heile Welt?" Pajazzo schaute seinen Neffen mit großen Augen an. Jonas fragte weiter: „Und haben die auch keinen Jesus, der ihnen sagt, was gut und böse ist?" Jonas` Mutter lächelte. Mit halbem Ohr hatte sie die Unterhaltung zwischen Jonas und seinem Großvater mitbekommen und bevor Pajazzo sich von seiner Überraschung erholt hatte, sagte sie: „Jonas, es gibt nicht nur Menschen mit schwarzer oder dunkler Hautfarbe, es gibt auch Menschen mit gelber oder rötlicher Haut. Kein Mensch ist wie der andere, jeder ist einzigartig." – „Dann hat jeder seine eigene heile Welt?" – „Ja", sagte sie, „jeder hat seine eigene heile Welt. Manche wissen es aber nicht. Wer es weiß, flüchtet dahin, wenn er sich einsam fühlt." – „Und dann redet das Jesuskind mit ihm?" – „Wenn er es kennt und hinhört. Manche lernen es erst spät kennen und manche sind reich, andere arm. Schau", sie zeigte auf die Krippe, „die Könige in Bethlehem an der Krippe waren reich, die Hirten arm. Aber alle knieten vor dem Kind. Das Kind ist der Heiland, er ist es, der die Welt wieder heil macht." – „Das sagt Opa auch, und er sagt auch, dass Joe Straight ein guter Held ist."

Am Tisch sprachen sie später darüber. Pajazzo meinte, die heile Welt sei eine gerechte Welt, in der alle gleich seien. Der Großvater schüttelte den Kopf: „Du verwechselst gleichwertig mit gleichartig. Die Sozis wollen, dass alle gleichartig sind. Deshalb wollen sie auch die Familie und das Eigentum vernichten. Sie sagen, die heile Welt der Familie sei eine Utopie. Sicher, nicht jede Familie ist immer heile Welt. Aber dass immer alles allen gehört und dass es keine Unterschiede gibt, das ist die wirkliche Utopie." – „Aber dein Akim und dein Nick sagen Neger", meinte Pajazzo, der die neuen alten Comics gelesen hatte. „Das waren die fünfziger Jahre", lachte der Großvater. „Daran kann man nur sehen, dass die Gleichmacherei zwar die Sprache beeinflusst, aber das ändert nicht die Natur des Menschen. Afrikaner und Neger sind beide schwarz." „Und", so fügte er hinzu, „diese Moden vergehen, die Natur nicht. Es kommt für den einzelnen nur darauf an, sein eigenes Leben nicht wie diese Moden verglühen zu lassen. Man hat nur ein Leben, es gibt nur eine heile Welt, die in uns, wenn wir sie finden."

So ging es noch etwas hin und her, Papa mischte sich ein mit den Nachrichten von den Kriegen in der Welt und den Unruhen überall. Mutter stand auf und wollte nach der Vorspeise den Geburtstagsbraten holen, da sah sie, wie Jonas sich vom Tisch gestohlen hatte und nun einen Panzer in den Stall neben die Krippe stellte. „Jonas, warum machst du das?", fragte sie staunend. „Zum Schutz für den kleinen Heiland", antwortete Jonas. „Sonst haben wir bald keine heile Welt mehr. Ich will auch meine finden und da muss ich ja noch mit ihm reden."

PAJAZZO, DER LINK
ZWISCHEN ZEIT UND FREIHEIT
UND DER RUTSCH INS NEUE JAHR

Pajazzo muss noch Raketen und Knaller kaufen. Heute Abend ist Silvester, er ist bei Freunden eingeladen, die sich von ihm natürlich ein Clownstück erhoffen. Immer diese Erwartungen! Wie unbeschwert war dagegen Weihnachten. Seine Schwester hatte eine Gans gebraten, sein Schwager und die Neffen hatten sich rührend um ihn gekümmert, ohne jene Sketchlüsternheit, jene Gier nach pausenlosem Amüsement, nach ständiger Abwechslung, die doch nur die Zeit vertreiben soll. Wie selbstlos und heiter war die Stimmung in der Familie gewesen. Jetzt wollte er den Seinen als kleinen Dank noch ein paar Feuerwerkskörper kaufen, bevor er zu den Clowns-Freunden ging. Vor dem Kaufhof hielt er inne. Da war noch ein Schaufenster voll weihnachtlicher Pracht, eine Eisenbahn lief und Stofftiere nickten, Tannenzweige und Strohsterne schmückten das Ambiente. Aber der Szene fehlte der Zauber, das Fest war vorbei. Komisch, sagte Pajazzo, es ist dasselbe Fenster, dieselbe Szene. Der Zug fährt noch, aber in Wirklichkeit ist er abgefahren. Die Tiere nicken, aber statt Leben sieht man nur den Stoff. Manche haben einen Knopf im Ohr. Der Kairos war vorbei, die Option Weihnachten bestand nicht mehr.

Pajazzo stand still. Wie sehr die Zeit unser Leben bestimmt, sagte er sich, sie nimmt uns sogar Illusionen und Entscheidungen ab. Die Worte des Pastors aus der Mitternachtsmesse, in die er diesmal mit seinen Neffen und deren Eltern gegangen war, klangen plötzlich aus der Erinnerung auf: „Weihnachten ist ein Fest der Entscheidung, der Festlegung. Gott wollte uns gleich werden, er hat die Option Menschwerdung vollzogen." Der kleine, etwas rundliche Pastor hatte das fast beschwörend gesagt und er, Pajazzo, hatte es nicht verstanden. Jetzt vor dem Schaufenster machte es klick. Auch die Zeit hat ihren Moment. Jetzt verstand er auch die anderen Sätze, die ihm hängengeblieben waren, weil er sie auch nicht kapiert hatte und darüber nachdenken wollte. Er behielt sie auch deshalb, weil das Bild von dem Pastor so einprägsam war.

Die frohen, leuchtenden Äuglein blitzten nämlich als er fortfuhr: „Gott wollte voll Mensch sein, mit allen Fähigkeiten, mit allen Realitäten, auch den schmerzhaften, ohne die Traumtänzerei mit den Illusionen vom Paradies. So wie er müssen wir durchs Leben gehen, Optionen wahrnehmen, in die Hand nehmen. Das heißt frei sein. Sich entscheiden und zwar für das Gute. Sonst bleibt nur das Nichts."

Danach schien es Pajazzo, als sei der kleine Pastor richtig erschöpft gewesen. Vielleicht weil es ihm so klar war und den meisten Leuten in der Kirche nicht. Pajazzo hatte die Gesichter angeschaut: Große Augen, verständnislos, weil der Pastor nicht vom kleinen Jesulein redete wie sein Vorgänger, sondern vom Leben. Leere Mienen, weil da auch nichts Rührseliges mitschwang, sondern nur die Realität des Lebens. Sie hatten nickende, sitzende, weiche Stofftiere erwartet, eine Art geistliches Amüsement, und sie bekamen harte Worte. Aber es waren Worte, sagte sich Pajazzo jetzt vor dem Schaufenster, die wie Schlüssel sind, Schlüssel zum Paradies in uns, weil nur die Erkenntnis des falschen Zaubers, das Ende der offenen Optionen wirklich frei macht. Jetzt verstand er auch den Schlusssatz des rundlichen Pastors: „Die Wahrheit wird Euch frei machen."

Seine Füße froren. Auch eine Wahrheit, lächelte Pajazzo in sich hinein und sein Lächeln machte ihm Freude. Er müsste sich entscheiden, jetzt entweder in den Kaufhof hineinzugehen, die Knaller zu holen und dabei auch seine Füße zu erwärmen oder aber weiter hier stehen zu bleiben und seinen Gedanken weiter freien Lauf und die Füße erfrieren zu lassen. Er ging hinein. Die Verkäuferin bot ihm ein Set verschiedener Raketen, Kracher und Böller an. Pajazzo entschied sich. Er kaufte. „Ist vielleicht nicht das Gute", sagte er heiter zu sich selbst, „die Entwicklungshelfer und die grünen Gutmenschen werden wieder ausrechnen, wie viele Millionen heute Nacht verpulvert werden und das dann den hungernden Kindern im Sudan oder sonst wo gegenüberstellen. Ganz unrecht haben sie nicht, aber meine 13 Euro 40 retten die Menschen in Afrika auch nicht. Und ich kann meinen Neffen und Freunden eine Freude machen." Die Verkäuferin weckte ihn aus seinen Gedanken mit einem fröhlichen „guten Rutsch dann noch." Was für ein Blödsinn, dachte Pajazzo, während er mechanisch „danke, gleichfalls" sagte. Ich rutsche nicht, wenn dann gehe ich ins neue Jahr, aufrecht und mit ein paar Alibi-Vorsätzen, so wie jedes Jahr. Eigenartig, dass man sich gerade in dieser Nacht Vorsätze macht. Sollte eigentlich jeden Tag sein, jeden Tag gibt es was zu entscheiden. Aber die Neujahrsvorsätze gehören zu den Konventionen. Das sind so Riten des Übergangs, damit man die Angst vor der Schwelle des neuen Zeitabschnitts in den Griff bekommt. Das hatte Pajazzo neulich im Feuilleton irgendwo gelesen.

Die Schwellenphase, eine Krise oder die Zustände zwischen neuen Lebensabschnitten brauchen solche *rites de passage*, solche eingeübten Verhaltensweisen, damit man die Ängste vor den Ungewissheiten sozusagen mit Gewohnheiten einpackt. Aber Wechselfälle im Leben gibt es nicht nur zu Neujahr, eigentlich sind sie täglich. Ein Glück, brummte Pajazzo, während er wieder durch den Schnee zu seinen Freunden stapfte, ein Glück, sonst wäre das Leben wie ein toter Fluss, wie ein Kanal ohne Fische noch Tiefgang, einbetoniert und immer geradeaus, ohne Möglichkeit mal munterer zu sprudeln oder auch träger dahinzufließen. Deshalb haben Religionen und Kulturen auch ihre Riten, um das Leben bewusster zu machen. Pajazzo packte sein Set fester, nun wurde ihm plötzlich auch klar: Die Freiheit zu gebrauchen, das ist die Überwindung der Schwellenangst, der Krisenzeit, der Schritt in ein bewussteres Leben. Krise fiel ihm jetzt ein, hat im Chinesischen dasselbe Schriftzeichen wie

Chance. Ja, diese Schwellenangst ist die Chance, eine Situation richtig zu erkennen und dann auch richtig anzupacken. Das würde er jetzt dem Freund sagen. Karl hieß er.

Karl meinte von sich, er sei Epikureer. Kein Mensch weiß, was das heißt und dann fühle Karl sich immer ganz toll und sage nur: *Carpe diem*. Ergreife den Tag, bedeute das, erklärte er dann, mit anderen Worten: Lebe den Augenblick, denk nicht an morgen, genieße das heute. Eigentlich ein armer Kerl, dieser Karl. Er lebt nicht, er treibt dahin. Er entscheidet nur, die Entscheidung dem jeweiligen Tag zu überlassen, also nicht selbst zu entscheiden. „Ich werde ihm auch so eine Devise an den Kopf werfen", beschloss Pajazzo, „ich werde ihm einfach sagen: Entscheide dich. Er wird mich verständnislos anschauen und dann werde ich nachstoßen und sagen: Das gehört zu den *rites de passage*, worauf sein Blick vermutlich vom Staunen ins Misstrauische übergehen wird. Egal, Hauptsache ich weiß, was mir guttut. Karl wird es sowieso vergessen, weil er nicht nachdenkt, sondern sich nur von seinen Gefühlen leiten und treiben lässt."

Pajazzo war angekommen. Inzwischen war es Abend geworden, aber das Haus war dunkel. Er klingelte, nichts rührte sich. Es blieb still. Pajazzo ging zu den Nachbarn. Die nette Dame von nebenan erklärte ihm, dass Karl heute Mittag überstürzt weggefahren sei, er habe gerade erfahren, dass seine Mutter seit einem Jahr schwer krank und nun ins Koma gefallen sei. Das komme davon, meinte die nette Frau, wenn man sich nur um sich selbst kümmere. „Und die Gäste für heute Abend?", fragte Pajazzo. „Ja, denen soll ich sagen, da ist nichts."

Pajazzo bedankte sich und ging. „Da ist nichts", sagte er, und stapfte durch den Schnee, „da ist nichts."

PAJAZZO, DIE ZEIT, DIE LIEBE
UND DIE VERGEBUNG

Pajazzo hatte sich von seiner Schwester überreden lassen und jetzt stand er da, so im Halbdunkel der übervollen Kirche und musste sich die Predigt anhören. Theresa wollte erst in die Christmette und dann den Run auf Schmaus und Geschenke. „Fest der Liebe", dröhnte es von der Kanzel. Pajazzo war skeptisch gekommen und fühlte sich bestätigt. Das wissen wir doch alles, brummte er in sich hinein und schaute in die Runde. „Liebe ist Bereitschaft", tönte es, „Disposition für das Leben. Zeit ist nicht Geld, sondern Liebe." Die Leute hingen an den Lippen des Pfarrers. Einige hatten rote Wangen, vermutlich vom heißen Baden vor der Messe oder von den Schnäpsen nach dem Essen. Jetzt verstieg sich der Kerl da vorne auch noch und nahm sie alle mit auf seine gebirgige Gedankenreise nach Bethlehem. „Es gibt eine Zeit für

Taten, aber für die Liebe ist immer die Zeit. Sie füllt jede Zeit, Taten nicht." Na ja, dachte sich Pajazzo, wenn ich auf dem Drahtseil clownisch eine Pirouette drehe und alle denken, ich falle jetzt runter, dann denkt keiner an die Liebe – oder steckt im ängstlichen ‚Oh!' oder im gespannten ‚Ah!' so etwas wie Mitgefühl, ohne dass sie es wissen? Ist vielleicht auch der verächtliche Kommentar „äh wie billig" eine Form der Anerkennung, immerhin liegt das Drahtseil ja nur vierzig Zentimeter über dem Boden der Manege. So hoch hinaus will ein Clown ja nicht. Meine Tat hat mit Liebe nichts zu tun.

„Auch die kleinste Bewegung und Regung mit Liebe getan" – der Kerl soll nicht so brüllen, mach ich im Zirkus auch nicht, dachte Pajazzo und hörte dennoch weiter: „Selbst die kleinste Geste mit Liebe getan, ist ein Funke Göttlichkeit." Das ist ein Ding, sinnierte Pajazzo. „Und das möglich zu machen, uns diese Gelegenheiten zu schenken, dafür ist dieses Kind geboren". Jetzt wird's wieder hochtheologisch, Pajazzo wollte wieder abschalten, aber der Pfarrer war zu laut und die Leute zu still. Das war im Zirkus anders. Da saßen sie auch mit roten Backen und riefen ihr „Ah!" und „Oh!" hemmungslos in die Kuppel. „Liebe ist immer", jetzt wurde der Pfarrer, rhetorisch geschickt, etwas leiser und erhöhte damit die Spannung. „Im Kind wird es sichtbar. Ein Kind ist noch nicht gelebte, aber mit Liebe vorab beschenkte Zeit, und diese Zeit heißt Hoffnung." Donnerwetter, so hatte er seine Neffen noch gar nicht gesehen. „Kinder verkörpern Hoffnung, weil sie Geschenke der Liebe sind. Aber", so fuhr der Mann da vorne fort, „es müssen nicht immer Kinder sein. Wir selbst haben ja Zeit, Lebenszeit und können deshalb Liebe verkörpern."

Pajazzos Schwester war wieder begeistert. Jetzt hatte sie selbst rote Bäckchen, als sie durch den knirschenden Schnee nach Hause schritten. Aber sie hatte ganz andere Gedanken festgehalten als er selbst und auch als ihr Mann, der Jupp. Jupp war ein erfolgreicher Manager, naja, letztes Jahr war er arbeitslos, weil seine eigene Firma pleite ging. Aber seit acht Monaten war er angestellter Manager bei einem privaten Pflegedienst. „Machen Sie's sich gemütlich, wir besorgen den Rest" hieß der Werbespruch. Ein bisschen ambivalent fand Pajazzo, aber vielleicht fahren deshalb die Angehörigen der Pflegekunden so darauf ab. Nun, Jupp gefiel das Bild von der 25. Stunde, die der Pfarrer so betont hatte. Das sei die Stunde, die man mit der Liebe an Lebensqualität heraushole. Strittig sei aber, so Jupp, ob man immer physisch präsent sein müsse für die Liebe. Da könne man doch auch über Mail oder Telefon schon eine Menge tun. „Auf das Tun kommt es nicht an", meinte Theresa, „die Haltung ist entscheidend. Ob ich lieben will oder nicht. Liebe ist ja nicht nur ein Gefühl, sondern auch ein Akt des Willens." Sie fand deshalb den Gedanken aus der Novelle von Bergengruen am schönsten. Da hatte der Held der Geschichte, Lysiander, seiner Angebeteten, Octavia, nach vielen Irrungen und Wirrungen, falschen Vermutungen und falschen Schlussfolgerungen, wütenden Worten und emotionsgetriebenen Taten im Moment der Besinnung und des Wiedersehens gesagt: „Es ist wohl so, dass wir alle unseren Teil Schuld an der Situation haben mögen und wohl bewährt sich die Liebe in der Treue. Aber sie vollendet sich in der Vergebung." Und dass der Pfarrer, den sie zum Leidwesen von Jupp so bewunderte, dann noch eins draufgesetzt hatte mit der Bemerkung des russischen Dichters Dostojewski „Erlöst wird, wer erlöst hat", das sorgte natürlich für Diskussion. Denn Jupp brachte es nicht über seinen Stolz, dem früheren Geschäftspartner, einem Freund, zu vergeben. Der hatte ihn böse übers Ohr gehauen, ganz sicher, und das hatte ihn an den Rand der Existenz gebracht, naja wenigstens der beruflichen. Der Pfarrer meinte nun, dass Vergebung und schon die Bereitschaft dazu das größte Geschenk sei, weil es Liebe bedeute und zwar für alle, nicht nur die unmittelbar Beteiligten. Das meinte Theresa auch und Jupp trat etwas energischer auf im Schnee.

Pajazzo wollte sich da nicht einmischen. „Bei den Asiaten", meinte er, „bei den Asiaten, also den Japanern und Chinesen, da ist das Ehrgefühl so wichtig, dass sie für die Gesichtswahrung sich sogar große Schwerter in den Leib rammen, in den eigenen natürlich". „So ein Quatsch", antwortete Theresa. „Erstens sind wir keine Asiaten und zweitens sind das kulturelle Relikte, Asiaten sind eben nicht katholisch. Wer bei uns sein Gesicht wahren will, der muss lieben können und das heißt die Bereitschaft haben, zu vergeben." Nun ja, brummte Pajazzo, dem die Bestimmtheit seiner Schwester immer irgendwie etwas zu weit ging – sie rührte damit an seinen eigenen Lebensfragen und er wollte eigentlich nicht daran rühren – „nun ja, vielleicht beeilen wir uns was, ich habe Hunger, die Gans wartet." „Ja, Eile ist geboten", sagte Theresa, sie war etwas klein aber recht energisch, „die Zeit ist kurz, wenn die Liebe kurz ist. Die Gans müsste fertig sein. Und morgen wollen wir in den Zirkus." Immer dieses volle Programm, dachte Pajazzo. Er freute sich auf die kleinen Neffen, sie quiekten und schrien vor Freude im Zirkus immer am lautesten. Es war sein Geschenk, dass er ihnen für die Vorstellung die besten Plätze besorgte und wenn er dann das Unglück bei der Pirouette mimte und vom Seil fiel, mit Schirm und seiner großen Karo-Jacke, dann johlten sie vor Freude. Und er freute sich mit. Es war herrlich, den anderen eine Freude zu machen, selbst wenn es auf Kosten des eigenen Ansehens ging, denn er war dabei ja der Dumme. Aber dafür war er auch der Clown. Hm, ob das vielleicht doch eine Form der Liebe ist, fragte er sich plötzlich. Egal, Hauptsache, sie sind glücklich, die Kinder.

PAJAZZO, DIE LÜGE UND
DER GRUND DER FREUDE

Entsetzt las Pajazzo in der Dienstagausgabe seiner Zeitung nach, was wieder alles passiert war unter deutschen Weihnachtsbäumen. Dabei waren die Morde, Stechereien, Schlägereien und Brände nur die Spitze des Eisbergs – oder sollte man besser sagen des Vulkans? Denn die eingefrorenen Gefühle und Bemerkungen tauen an Weihnachten oft auf und entwickeln sich eben zu vulkanartigen Ausbrüchen. „Besser die Klappe halten", sagte sich Pajazzo, stand in seinem gemütlichen Wohnwagen auf und machte sich einen Kaffee. Gleich würde auch er aufbrechen und seine Verwandten besuchen müssen. „Müssen, warum eigentlich müssen?", fragte er sich. Ist das nicht alles nur Konvention? Und dann muss ich auch wieder eine Freude machen mit Geschenken. Schon wieder müssen. Diese Geschenkemacherei ist an allem schuld, brummte er und beugte sich wieder über die Zeitung. Wieder las er von Katastrophen und schlimmen Nachrichten, diesmal in der Politik. Im Wirtschaftsteil hieß es dann nur Steuererhöhungen zum ersten Januar, schöne Bescherung. Dabei hatten die Politiker zu Weihnachten auch noch so nett geredet, von den Erfolgen des verflossenen Jahres und den enormen Fortschritten trotz der widrigen Umstände. Heuchler, entfuhr es ihm, alles Heuchler, da ist das Lügen unter dem Weihnachtsbaum ja noch ehrlicher.

Kann eine Lüge überhaupt ehrlich sein? Pajazzos linguistisches Gewissen regte sich. „Ja, es geht", sagte er sich lächelnd und dachte an die nette SMS-Lüge seiner Schwester, die ihm mitteilte, dass die Auktion bei Ebay leider schon zu Ende sei. „Natürlich war sie zu Ende", sagte Pajazzo fröhlich zu sich selbst, sie hatte sie ja mit dem Kauf selber beendet und wollte ihm, einem Gaukler vormachen, dass das Objekt der Auktion weg sei, einfach weg. Dabei wollte sie ihn nur damit überraschen. Ja, ja, die Überraschung. Was tut man nicht alles für eine gelungene Überraschung, was lügt man sich nicht alles zurecht, oder besser, was macht man den anderen nicht alles vor, denn gelogen ist es ja nicht so richtig. Es ist eine befristete Täuschung, die Überraschung bringt es ja an den

Tag. Man täuscht ja nicht zu seinem Vorteil, sondern zur Freude der anderen, es ist eine kleine Drehung der Wirklichkeit für ein höheres Gut – „Halt! Jetzt habe ich mich geistlich ausgedribbelt", sagte Pajazzo lachend. Das mit der Täuschung ist ja in Ordnung, aber es bleibt eine Täuschung und streng genommen heiligt der Zweck, also die Freude der anderen, nicht das Mittel der Täuschung. Aber ein bisschen Ausdribbeln geht doch, solange es nicht zum Eigentor führt, warf er mit sich selbst diskutierend ein. Ein Eigentor wäre es, wenn man lügt ohne dem anderen wirklich eine Freude bereiten zu wollen. „Eine Lüge ist ja eine Aussage mit dem Willen, Falsches auszusagen", zitierte er aus dem Gedächtnis Augustinus. Darüber hatte er während seines langen Studiums seine beste Hausarbeit geschrieben. Und hier ist der Wille ja nicht, dass man Falsches aussagt, sondern dass man letztlich eine Freude machen will. Außerdem, Geben ist seliger als Nehmen, das lässt sich halt nicht so chemisch rein voneinander trennen.

Nun ja, brummte Pajazzo etwas zweifelnd, alles richtig. Er dachte daran, wie er selber anderen schon oft eine Freude gemacht hatte, die eigentlich in seinem Interesse lag. „Hm, gibt es die selbstlose Freude überhaupt?", fragte er sich, ist doch eigentlich weltfremd, nutzlos und eine rein philosophische Frage." Er wühlte nach seiner Jacke. Die anderen warten sicher schon am Eingang, dort wollte man sich treffen. Und ja, hier, das wollte er noch mitnehmen und an diesem Abend thematisieren, einen Artikel aus der Zeitung, der die Heuchelei am Heiligen Abend behandelte. Da steht es schwarz auf weiß, ein Witzbold hat es so formuliert: „Wir schenken dieses Jahr zu Weihnachten der ganzen Familie einfach den kategorischen Imperativ, der ist kurz, handlich, praktisch und haltbar. Er klingt eindrucksvoll und ist schichten- wie generationsübergreifend, er nimmt nicht viel Platz weg, man kann ihn an die Wand hängen, ins Regal stellen oder in der Schublade zwischen den Geschenkpapieren lagern, aber man kann auch mit ihm spazieren gehen, ihn zum Fußball und ins Schwimmbad mitnehmen, er passt ins Kinderzimmer und notfalls auch in den Weinkeller, der kategorische Imperativ. Er stört keinen, auch die Enttäuschung beim Auspacken bleibt einem erspart, weil man ja erstmal verwirrt ist". – „Großartig", sagte Pajazzo, als er die Tür zum Wohnwagen abschloss, „wozu so ein Imperativ alles gut ist. Übersetzt in die Volksweisheit heißt er ja nur: Was Du nicht willst, was man Dir tut, das füg auch keinem anderen zu. Der gute Kant hat das zwar anders formuliert („Handle nur nach derjenigen Maxime, durch die Du zugleich wollen kannst, dass sie ein allgemeines Gesetz werde"), aber als viertes von elf Kindern wird er wohl Verständnis dafür haben, dass man seine Worte volksnah überträgt. Hab mich damit beschäftigt, als ich damals studierte, aber dann bin ich halt doch Clown geworden und nicht Philosoph. Auch Clowns bringen den Leuten die Wahrheit nah, schließlich ist die Welt auch nur ein großes Zirkuszelt".

Pajazzo hält auf seinem Weg inne. Wieso Zirkuszelt? Klar, zu Weihnachten hatte er vom Direktor einen Band ausgewählte Werke von Shakespeare bekommen und auf einer der ersten Seiten hatte er gelesen: „All the world is a stage… die ganze Welt ist nur eine Bühne und jeder, ob Mann oder Frau ist nur ein Spieler auf derselben, mit Auf- und Abtritt zu seiner Zeit…" Das hatte ihm gefallen, „es macht mir Freude", sagte er halblaut, auch der Hinweis, dass schon das Theaterspiel der Griechen vor allem ein Ziel hatte: Durch die Gefühle und Handlungen der Akteure hindurch sich selbst erkennen. So stand es ja auch über dem Eingang des Tempels in Delphi, wohin die Leute damals wegen des berühmten Orakels reisten. Da stand eben dieser Satz eines Herrn Thales von Milet, nämlich: „Erkenne Dich selbst". Aristoteles hat diesen Typ aus dem siebten Jahrhundert vor Christus den Ahnherren der Philosophie genannt, auch das hatte er in der Hausarbeit erwähnt und beim Referat hatte der Prof zustimmend genickt. „Schauspielerei auf der Bühne namens Welt. Nichts anderes mache ich auch", bestätigte Pajazzo sich selbst. „Ich helfe den Menschen mit meinen Späßen und Worten, sich selbst zu erkennen und die Wirklichkeit zu sehen."

Und Weihnachten? „Was hat das alles mit Weihnachten zu tun?", fragte Pajazzo mit Blick in Bäume und Schnee. „Weihnachten mit seinen ganzen emotionalen Ausbrüchen oder Überraschungen, ist das eine Clownerie mit tiefem Sinn?" Pajazzo gefiel diese These schon immer. Vielleicht war er da auch berufsblind, räumte er ein. „Wo ist da die Bühne, die Selbsterkenntnis?", fragte er auf dem Weg den Tierwärter, der gerade von der Fütterung der Affen kam. „Was?", fragte der zurück, „welche Bühne? Die Vorstellung heute Abend fällt aus, wir ziehen weiter." „Ja, ja, sorry, ich meinte das Kind. ‚Werdet wie die Kinder', heißt es. Vielleicht ist das die Lösung." Der Tierwärter sah ihn erstaunt, fast misstrauisch an, schüttelte den Kopf und ging irgendetwas murmelnd in das nächste Tierzelt. Das Kind, sinnierte Pajazzo weiter, Weihnachten

macht uns Freude, weil es uns zeigt, wie wir lieben
sollen, wie die Kinder: wehrlos, total, ohne Rückver-
sicherungen. In der Hilflosigkeit der Liebe liegt ihre
Stärke, es macht sie wahr und echt. Auch wenn die
anderen ihr Stück spielen, es sind die Umstände, wie
die Krippe und der Stall, mit denen wir kämpfen sollen, nicht mit dem Kind im anderen. Vielleicht hat das
dieser Friedrich von Hardenberg, wie hieß er noch
mal mit Künstlernahme, ach ja, Novalis, vielleicht hat
er das gedacht als er schrieb ‚Kinder sind sichtbar ge-
wordene Liebe'. Möglich, sicher ist: Kleine Kinder haben keine Maske. Sie spielen das Leben pur.

Er kam bei seiner Schwester an, schob das Garten-
törchen auf. Hm, meinte er, da war keine Action in

Bethlehem, keine Bühne. Und im Stall, da war auch keine Action. Da haben ein paar Engel gesungen, eine große Freude verkünden wir euch. „Die Freude", so sagte Pajazzo wie bei einem Aha-Erlebnis, „das ist das Lächeln der Liebe. Ohne Maske. Sie ist die erste und die größte Wahrheit. Deshalb liegt in ihr die Freude, Frieden gibt es noch obendrauf." Pajazzo klingelte und als die Tür aufging, wehte ihm der Duft der gebratenen Gans entgegen. Darauf hatte er sich auch gefreut, seine Schwester kocht immer so fein und appetitanregend. „Hallo hallo", sagte sie lachend, „frohe Weihnachten". „Nicht für die Gans", lachte Pajazzo, umarmte sie und ging hinein.

PAJAZZOS STILLE NACHT,
DIE KINDER
UND DER KONKURRENZCLOWN

Pajazzo mag keine stillen Nächte. Er liebt nur die atemlose Stille nach dem Trommelwirbel, wenn er auf das Seil wankt mit seinen riesigen, platten Schuhen und der großen Karo-Jacke. Gut, das Seil liegt fast auf der Erde, es ist von einem Stuhl zu einem anderen gespannt, aber als Clown darf er das und die Kinder sind still, wenn er die zwei Meter zwischen den Stühlen balanciert. Und jetzt schreibt ihm dieser Clown aus Australien, vom anderen Ende der Welt, der neulich zu seiner Vorstellung in Hangelar gekommen war, einen merkwürdigen Brief über die Stille Nacht. Einen Brief über dieses Weihnachtslied, das Pajazzo nicht mochte, weil dann alle irgendwie in sich schauen, statt auf ihn und seine Stühle-Nummer. Deshalb hatte er den Direktor des Zirkus auch gebeten, das Lied in der Weihnachtsvorstellung nicht mehr spielen zu lassen. Dieser Clown also aus dem Outback, was ist das überhaupt, egal, also vom anderen Ende der Welt, schickt ihm eine Mail mit Anhang über die Stille Nacht. Was der sich einbildet! Nur weil er der Freund des Direktors ist, hatte er auch etwas vorführen dürfen. „Stille Nacht, heilige Nacht", liest Pajazzo murmelnd – er liest immer laut, weil er in der Schule am Anfang nicht aufgepasst hatte und dann die Buchstaben am Nachmittag selber mühsam aneinanderreihte – also „stille Nacht, heilige Nacht ist das weltweit berühmteste Weihnachtslied, entstanden vor knapp 200 Jahren, in Oberndorf bei Salzburg". Da hab ich auch schon mal meine Stühle-Nummer aufgeführt, erinnert sich Pajazzo und murmelt weiter: „Der Dorfschullehrer und Organist Franz Xaver Gruber und der Hilfspfarrer Joseph Mohr führten das Lied 1818 in der Dorfkirche Sankt Nikola zum ersten Mal auf. Mohr hatte den Text zwei Jahre zuvor schon in Form eines Gedichts geschrieben und Gruber komponierte dann kurz vor Weihnachten eine Melodie zu diesem Gedicht und seither gehen Text und Melodie um die Welt, mittlerweile in mehr als 300 Sprachen und Dialekten." Jetzt solle er den Anhang mal aufmachen, schrieb der Konkurrenz-Clown, und einfach nur hören. Pajazzo klickte zweimal und dann klang es plötzlich klar und frisch wie ein talwärts sprudelnder Bergbach.

Donnerwetter, entfuhr es Pajazzo, „das ist dieses Lied in einem Dutzend Sprachen. Nicht schlecht." Und der Konkurrenz-Clown schrieb weiter, es täte ihm leid, dass er ihm damals in Hangelar die Schau gestohlen habe, weil sein Seil einen Meter höher zwischen zwei Leitern gespannt war und die Kinder in Hangelar doch Pajazzos Lieblingspublikum seien. Da wollte er ganz im Sinn der Heiligen Nacht um Vergebung bitten. „Nein", rief Pajazzo störrisch, „nein, nein und nochmals nein, das geht nicht." Er schaute auf die Uhr. Die Pause dauerte noch zehn Minuten, in zwanzig Minuten war er dran, genug Zeit, um zu antworten. Mails muss man zwar nicht immer sofort beantworten, sagte er zu sich, da begibt man sich in eine Sklaverei, aber diese Mail schrie nach einer Antwort. Er spitzte seine beiden Zeigefinger. Da klopfte es... Tok, tok, ganz sachte klopfte es, tok, tok, tok. Er stand auf, ging zur Tür seines Zirkuswagens, öffnete sie und da standen vier Jungs und ein kleines Mädchen und schauten ihn an. Sie hatten draußen das Lied gehört und dann plötzlich diese Stille, das „Nein" und wieder

Stille. Und jetzt wollten sie wissen, wo das Lied geblieben sei. Pajazzo verschlug es die Sprache, warum, wieso, was – aber bevor er anfangen konnte zu schimpfen, sagte der älteste der Jungs: „Du bist doch unser Lieblingsclown." Und jetzt erkannte er sie. Das waren die Kinder, die gestern bei der Vorstellung zu spät kamen und die auch neulich schon zu spät kamen, als er mit dem Outback-Clown die Vorstellung hatte. Ja, das mit dem Nein, versuchte er jetzt zu erklären, „das ist, weil ich nicht, weil ich die Entschuldigung von dem anderen nicht akzeptiere", so einfach ginge das nicht. „Ja, aber", sagte jetzt der große Junge, er mag wohl so um die fünf oder sechs Jahre alt sein, „Weihnachten ist doch dafür da." Und die Nacht, so hätte Betti, die Kindergartenmami, gesagt, die Nacht sei „deshalb so still, weil da alles vergeben wird." Die ganzen Streiche, die man gespielt habe, die Süßigkeiten, die man heimlich genommen habe, und die bösen Worte, die man den anderen gesagt hätte.

„Nun", Pajazzo hatte seine Fassung wiedergefunden, „wenn das so ist", sagte er, „dann kann ich ja für eine Woche vergeben, bis Weihnachten vorbei ist." Die Kinder schauten ihn an. Die Augen schienen noch größer und fragender. Vergebung für eine Woche. „Geht das?", fragte der ältere. „Das Jesuskind war doch nicht nur für eine Woche gekommen." „Eigentlich ist es immer noch da", erklärte der kleine Junge hinter ihm, „wir feiern nur ein paar Tage, aber das jedes Jahr." Pajazzo kam in Erklärungsnot. „Nun", sagte er mit bestimmendem Ton, um seine Verlegenheit zu überspielen, „nun, kommt erst mal rein in meinen Wagen. Wo sind überhaupt eure Eltern? Wir können uns das Lied ja nochmal anhören." Er hoffte nämlich, die vielen Sprachen würden ihm jetzt zugute kommen. Die kann ja keiner verstehen, dachte er bei sich. Er spielte den Anhang noch einmal vor, aber kaum in der Mitte angelangt sagte der eine, der vorhin schon die Erklärung dafür gefunden hatte, dass Vergebung nicht befristet werden könne: „Weißt du, das sind immer andere Worte, aber die Melodie ist die gleiche." – „Verdammt", entfuhr es Pajazzo leise. „Ja, ja, das ist so", erklärte er jetzt selbst, „die Melodie ist nämlich für das Herz und da", er schlug sich an die Brust – „da passiert es. Dort vergeben wir. Dort glauben wir an das Christkind. Und dort versöhnen wir uns auch mit uns selbst." Die vier Kleinen schauten wieder ganz groß. „Auf das Herz kommt es an", sagte er noch. Deshalb dürfe man an dieser Stelle keinen Stein haben.

Draußen waren Schritte zu hören. Er hatte die Tür aufgelassen, weil er vermutete, dass die Eltern die

Kinder suchen würden. Und tatsächlich, da waren Erwachsene, die riefen: „Johannes, Dominik, Maria, Paul, Elias!" Er ging zur Tür und winkte sie herbei. Sie kamen und wollten schon schimpfen, aber als sie sahen, wie lieb sie da saßen und der Melodie lauschten, da schwiegen sie. Und als das Lied ausgeklungen war, gingen sie mit den fünf in das große Zelt. „Wir sehen uns gleich", rief Pajazzo den Kindern nach. Und es schien ihm, als seien die kleinen Mäntel zwischen den Schulterblättern etwas ausgebeult, so als ob darunter kleine Flügel wären. Die Pause war zu Ende, aber er hatte noch ein paar Minuten bis zu seinem Auftritt. Und die wollte er nutzen, um seinem Clown-Freund im Outback rasch eine kurze Mail zu schreiben. „Lieber Freund", schrieb er, „das ist doch schon alles vergessen und gar nicht der Rede wert. Danke für den Anhang, danke für die stille Nacht." Er wollte noch die eine Zeile aus dem Text des Liedes hinzufügen: Danke für die stille Nacht, die der Welt das Heil gebracht. Dann wollte er noch eine Weisheit schreiben übers Vergeben als höhere Form der Liebe, aber auch das ließ er, man muss nicht übertreiben, dachte er und erzählte lieber, dass die Fußballfans vom 1. FC Union Berlin wie schon seit einigen Jahren sich an Weihnachten im Stadion versammeln, dann dieses

Lied singen und sich mit ihrem Verein und der Welt versöhnen. Sie schafften es nämlich jahrelang nicht in die erste Liga, aber mit diesem Lied seien sie immer, meinte Pajazzo, ganz weit oben gewesen.

Jürgen Klaus Liminski war Journalist, Publizist, Autor und vor allem Familienvater. Nach seinem Abitur und Wehrdienst studierte der gebürtige Memminger Journalismus und Informationswissenschaften an der Universität von Navarra in Spanien sowie Geschichte und Politische Wissenschaften in Freiburg und Straßburg. Nach seinem Studium schrieb er für diverse Zeitungen auf der ganzen Welt, moderierte über 25 Jahre im Deutschlandfunk und engagierte sich u.a. für das päpstliche Hilfswerk „Kirche in Not" und das gemeinnützige „Institut für Demografie, Allgemeinwohl und Familie". Gemeinsam mit seiner Frau Martine, mit der er 50 Jahre glücklich verheiratet war, hat Jürgen Liminski 10 Kinder und mittlerweile auch 21 Enkelkinder. Für sie und viele andere hat er dieses Buch geschrieben.